CB018776

A matemática do amor

A matemática do amor

Padrões e provas
na busca da equação definitiva

HANNAH FRY

tradução de
MÁRIO VILELA

Editora
ALAÚDE

Título original: *The Mathematics of Love – Patterns, Proofs, and The Search for the Ultimate Equation*
Publicado mediante acordo com a editora original, Simon & Schuster, Inc.
TED, o logo TED e TED Books são marcas da TED Conferences, LLC.

*O texto deste livro foi fixado conforme o acordo ortográfico vigente no Brasil desde
1ª de janeiro de 2009.*

INDICAÇÃO EDITORIAL: Lauro Henriques Jr.
PREPARAÇÃO: Francisco José M. Couto
REVISÃO: Raquel Nakasone e Giovana Bomentre
CAPA: Chip Kidd
ADAPTAÇÃO DE CAPA: Rodrigo Frazão
CAPA E PROJETO GRÁFICO: MGMT. DESIGN
ILUSTRAÇÕES: CHRISTINE RÖSCH
IMPRESSÃO E ACABAMENTO: IPSIS GRÁFICA E EDITORA S/A

1ª edição, 2015
Impresso no Brasil

Dados Internacionais de Catalogação na Publicação (CIP)
(Câmara Brasileira do Livro, SP, Brasil)

Fry, Hannah
    A matemática do amor: padrões e provas na busca da equação definitiva /
Hannah Fry; tradução de Mário Vilela; ilustrações de Christine Rösch. --
São Paulo: Alaúde Editorial, 2015. - (Ted Books)

    Título original: The mathematics of love: patterns, proofs, and the search for
the ultimate equation.
    ISBN 978-85-7881-314-7

    1. Amor 2. Homem - Mulher - Relacionamento I. Rösch, Christine. II. Título.

15-07000   CDD-306.73

2015
Alaúde Editorial Ltda.
Avenida Paulista, 1337,
conjunto 11
São Paulo, SP, 01311-200
Tel.: (11) 5572-9474
www.alaude.com.br

Compartilhe a sua opinião
sobre este livro usando as hashtags
#AMatemáticadoAmor
#TedBooksAlaude
#TedBooks
nas nossas redes sociais:

 /EditoraAlaude

/EditoraAlaude

/AlaudeEditora

SUMÁRIO

A matemática do amor

Eu gostaria de começar fazendo uma confissão: não sou especialista em amor. Nunca frequentei nenhum curso de psicologia; conheço só o básico da bioquímica humana; e meu histórico de encontros amorosos é – de modo muito parecido com o de todo mundo – uma mistura de sucessos variáveis com uma série salutar de desastres. Mas sou matemática, e, no meu emprego, que consiste em destrinçar e compreender os padrões de comportamento humano, acabei me dando conta de que a matemática oferece uma maneira nova de encarar quase tudo – até algo tão misterioso como o amor.

Ao escrever este livro, meu objetivo não foi substituir nenhuma das excelentes fontes disponíveis sobre a ciência da conexão humana. Eu não estaria qualificada para descrever a empolgação intangível, a paixão devoradora ou o desespero cataclísmico que o amor consegue causar. Se vocês estiverem atrás dessas coisas, devo recomendar que simplesmente se voltem para quase todas as pinturas, poemas, esculturas ou canções concebidas nos últimos 5.000 anos.

Na verdade, o que quero é, usando a matemática como guia, tentar lhes oferecer uma perspectiva diferente do assunto mais falado da história humana.

Não poderia culpá-los se achassem pouco natural que o amor e a matemática casassem bem. Afinal, as emoções humanas, diferentemente das equações matemáticas, não são ordenadas nem bem-comportadas, e a empolgação e a essência verdadeiras do romantismo não são fáceis de definir.

Mas isso não quer dizer que a matemática não tenha o que oferecer. Pois, ao fim e ao cabo, a matemática é o estudo de padrões – predizendo fenômenos que vão da meteorologia ao crescimento urbano, revelando desde as leis do universo até o comportamento das partículas subatômicas. E, quando consideramos essas coisas francamente, vemos que tampouco são ordenadas ou fáceis de prever.

Por sorte, o amor – assim como a maioria das coisas da vida – é repleto de padrões: desde o número de parceiros sexuais que temos ao longo da vida até o modo como escolhemos para quem enviar mensagens em *sites* de encontros. Esses padrões se adaptam, se desdobram e se distorcem tal qual o amor, e todos são padrões que a matemática consegue descrever como nenhuma outra disciplina.

A matemática vai iluminar vários aspectos referentes a encontros e namoros, mas vou confessar outra coisa: o objetivo deste livro não é só esclarecer aspectos da vida amorosa do leitor. Minha esperança é que o livro também demonstre quanto a matemática é bela e relevante. Eu quis escrevê-lo porque sempre fico um pouco decepcionada com o fato de o público em geral ver a matemática de modo tão negativo, ainda que não me surpreenda sua fama tão ruim.

A única vivência que a maioria das pessoas tem da matemática é como a matéria mais detestada dos tempos de escola: os temas não entusiasmavam, as ideias não mudavam havia séculos, e as respostas já estavam todas escritas no fim do livro. Não admira que alguns achem que a matemática não tem nada de novo para oferecer.

Só que isso não poderia estar mais longe da verdade.

A matemática é a linguagem da natureza. É o alicerce primordial de cada uma das grandes conquistas científicas e tecnológicas da era moderna. A matemática está viva – e vicejante. Nas palavras do físico e divulgador britânico Paul Davies:

> *Ninguém que tenha se fechado à matemática conseguirá apreender toda a relevância da ordem natural que está tão profundamente entranhada na tessitura da realidade física.*

Para tentar convencê-los de quanto a matemática pode ser reveladora, relevante e poderosa, eu, bem a propósito, quis escolher o assunto que me pareceu o mais distante possível das equações e demonstrações, e mostrar como – mesmo em tal contexto – a matemática ainda tem algo a oferecer. Quero compartilhar com vocês minhas maneiras favoritas – todas matematicamente verificáveis – de entender como o amor funciona.

Vamos calcular as probabilidades de que vocês encontrem a pessoa pela qual vêm esperando. Vou lhes mostrar um argumento matemático que justifica o ato de abordar alguém em um bar. E vamos até fazer uns truques matemáticos que os ajudarão a planejar a festa de casamento sem dramas.

A maioria dos exemplos que utilizei se refere a casais formados por um homem e uma mulher. Fiz isso simplesmente porque dispor de dois grupos claros visando um ao outro ajuda a simplificar muito a matemática envolvida. Mas, não obstante a escolha dos exemplos, todos os resultados e as dicas do livro são genéricos o bastante para que se apliquem a qualquer gênero e qualquer orientação sexual.

Aqui e ali, vamos usar dados provenientes de casais da vida real para oferecer uma estratégia aos solteiros que estão em busca de alguém especial. Outras vezes, à procura de esclarecimentos, vamos nos desviar para a abstração e a supersimplificação (como os matemáticos têm o hábito tão frequente de fazer). Há elementos de ciência e economia em muitos dos exemplos, mas a matemática está sempre lá, mesmo que às vezes desempenhe função menos evidente. Os exemplos talvez nem sempre se apliquem diretamente à sua própria vida amorosa, mas torço para que os achem interessantes mesmo assim.

Ainda que o objetivo deste livro seja revelar os padrões que regem um dos mais maravilhosos mistérios da vida, minha grande esperança é que um pouquinho de esclarecimento sobre a matemática do amor possa inspirá-los a ter um tiquinho mais de amor pela matemática.

1 Quais as probabilidades de encontrar o amor?

De muitas maneiras, somos todos iguais. Idiossincrasias à parte, poucos de nós dispensaríamos a chance de vivenciar o amor verdadeiro, romântico. De uma forma ou de outra, estamos todos unidos por uma busca individual da felicidade duradoura. Aprender a atrair e segurar o companheiro dos nossos sonhos é um aspecto importante da missão (ao qual voltaremos mais tarde), mas isso só terá sentido depois que vocês acharem aquele alguém especial que será alvo de seu afeto.

Para aqueles que estão solteiros há algum tempo, achar alguém especial pode às vezes parecer um desafio impossível. O fato de termos saído alguns anos com uma sucessão de fulanos maçantes e beltranas psicopatas pode nos deixar frustrados e decepcionados e nos fazer achar que as probabilidades não estão a nosso favor. E algumas pessoas vão nos dizer que essa percepção não é necessariamente infundada. Em 2010, aliás, o matemático americano Peter Backus, sozinho fazia muito tempo, chegou a calcular que havia mais civilizações alienígenas inteligentes na galáxia que potenciais namoradas para ele.

Mas as coisas talvez não sejam tão desesperadoras quanto parecem à primeira vista. Afinal, existem

7 bilhões de pessoas na Terra, e, embora nem todas façam o nosso tipo, este capítulo explica como podemos usar o método de Backus para calcular a probabilidade de vocês arranjarem companhia – e, mais especificamente, por que o fato de estarem um pouquinho mais abertos a essa possibilidade lhes dará mais oportunidades de encontrar o amor em nosso próprio planeta.

Num artigo científico intitulado "Why I Don't Have a Girlfriend" [Por que não tenho namorada], Backus pega uma fórmula usada por cientistas para considerar por que a Terra ainda não foi visitada por alienígenas e a adapta para determinar quantas mulheres, segundo os critérios dele, poderiam namorá-lo.

Backus utiliza a equação de Drake, que assim foi chamada por causa de seu criador, o astrônomo americano Frank Drake, e que visa a estimar o número de formas de vida extraterrestre inteligente em nossa galáxia. O método é simples: Drake desmembra a questão em componentes menores, fazendo perguntas sobre a taxa média de formação de estrelas na galáxia; a fração dessas estrelas que têm planetas; a fração de planetas que seriam capazes de sustentar vida; e a fração de civilizações que potencialmente desenvolveriam tecnologia que liberasse no espaço sinais detectáveis de sua existência.

Drake usou de um truque, muito conhecido dos cientistas, que consiste em desmembrar a estimativa dando não um chute grande, mas uma porção de chutes pequenos e razoáveis. O resultado do truque é uma estimativa que provavelmente está próxima – e próxima de modo surpreendente – da resposta correta, pois ao longo do caminho os erros em cada cálculo tendem a se compensar uns nos outros.[1] Dependendo dos valores escolhidos em cada uma das etapas (e ocorre alguma controvérsia sobre as poucas etapas finais), os cientistas acham hoje que há cerca de 10.000 civilizações extraterrestres em nossa galáxia. Não é ficção científica: os cientistas se convenceram mesmo de que existe vida lá fora.

É claro que, da mesma forma que não é possível calcular com exatidão quantas formas de vida alienígena existem, não é possível calcular com exatidão quantos amados em potencial há para vocês. Ainda assim, ser capaz de estimar quantidades que não podemos ter esperança de verificar é habilidade importante para qualquer cientista. E essa técnica – conhecida como paradoxo de Fermi – se aplica a coisas que vão desde a mecânica quântica até os quebra-cabeças que empresas como o Google incluem nos questionários de entrevista de emprego.

A técnica também se aplica à busca de Peter Backus para descobrir se lá fora há mulheres inteligentes e socialmente avançadas da nossa espécie com as quais ele possa sair. A ideia é a mesma: desmembrar o problema em partes cada vez menores até ser possível dar um chute bem informado. Eis os critérios de Backus:

1. Desmembrar o problema faz que a estimativa seja como o movimento browniano. Uma estimativa com n etapas conteria um erro que se atenuaria como a raiz quadrada de n.

1. Quantas mulheres moram perto de mim?
   (em Londres -> 4 milhões de mulheres)
2. Quantas delas provavelmente são da faixa etária
   certa? (20% -> 800 mil)
3. Quantas delas provavelmente são solteiras?
   (50% -> 400 mil)
4. Quantas delas provavelmente têm diploma
   universitário? (26% -> 104 mil)
5. Quantas delas provavelmente são atraentes?
   (5% -> 5.200)
6. Quantas delas provavelmente vão me achar
   atraente? (5% -> 260)
7. Com quantas delas provavelmente vou me
   relacionar bem? (10% -> 26)

Assim, há apenas 26 mulheres no mundo com quem
Peter Backus estaria disposto a se relacionar. Isso significa
que há 400 vezes mais civilizações inteligentes em outros
planetas do que companheiras em potencial para ele.

De minha parte, acho que Backus está sendo um
pouquinho exigente demais. Na prática, ele deixa
implícito que se dá com apenas 1 em 10 mulheres que
conhece e que só 1 em 20 lhe parece atraente o bastante
para que saia com ela. Assim, vai ter de conhecer até
200 mulheres para achar duas que atendam tão somente
àqueles dois critérios. E isso sem nem levarmos em conta
o fato de ela ir ou não com a cara dele. Penso que há campo
para ser um tantinho mais generoso. Talvez os números
devam ser um pouco mais como estes:

1. Quantas pessoas do gênero certo moram perto de mim? (em Londres -> 4 milhões de mulheres)
2. Quantas delas provavelmente são da faixa etária certa? (20% -> 800 mil)
3. Quantas delas provavelmente são solteiras? (50% -> 400 mil)
4. Quantas delas provavelmente têm diploma universitário? (26% -> 104 mil)
5. Quantas delas provavelmente são atraentes? (20% -> 20.800)
6. Quantas delas provavelmente vão me achar atraente? (20% -> 4.160)
7. Com quantas delas provavelmente vou me relacionar bem? (20% -> 832)

Portanto, quase 1.000 companheiras em potencial numa grande cidade. Isso me parece bem mais plausível.

Mas há outra questão.

Se Backus pudesse diminuir só um pouquinho o nível de exigência de alguns de seus critérios, teria um universo muito maior de potenciais companheiras com que operar. Aliás, Backus poderia quadruplicar suas chances de imediato se fosse um pouco menos cricri no que se refere à futura amada ter diploma. E o universo de senhoritas seria muito, muito maior caso Backus se dispusesse a expandir a busca para além de Londres.

Estranhamente, contudo, estarmos abertos a todos os potenciais companheiros é o oposto do que fazemos quando estamos solteiros. Faz pouco tempo, fiquei sabendo de um homem com ideias ainda mais claras a respeito do que procurava numa companheira. Ele havia postado um perfil no *site* de encontros OkCupid, que oferece uma seção em que se podem mencionar certas coisas que a pessoa não vai tolerar de modo algum nos parceiros. Esse homem listou mais de uma centena de senões incontornáveis; a lista era tão radical que virou tema de um artigo muito acessado no *site* BuzzFeed. No campo "Não me mande mensagem se...", havia estas pérolas:

1. Você mata aranha sem precisar.
2. Você tem tatuagens que só consegue ver no espelho.
3. Você discute coisas de Facebook no mundo real.
4. Você se considera uma pessoa feliz.
5. Você acha que a paz mundial é mesmo uma meta.

Por mais razoável que seja limitar a busca a um adorador de aranhas bélico e sem tatuagens, o fato é que, infelizmente, quanto mais condições, menor a probabilidade de encontrar o amor. Isso porque, quando se insere uma lista assim gigantesca na equação de Backus – ou mesmo na minha versão da equação –, chega-se a um número de potenciais companheiros que é próximo de zero.

É claro que, quando se trata do amor, todos temos pré--requisitos irrevogáveis, coisas que exigimos em qualquer situação ou que não suportamos de jeito nenhum. Mas uma lista extensa como aquela suscita uma pergunta interessante: quantos de nossos critérios preventivos não acabam prejudicando as chances de encontrar o amor?

A realidade é que quando as pessoas estão solteiras e procurando companheiro, muitas vezes acrescentam exigências peremptórias que reduzem drasticamente as possibilidades de êxito. Tenho uma amiga muito íntima que pôs fim a um namoro promissor porque o rapaz apareceu de jeans com sapato preto num encontro. Outro amigo do peito insiste que não consegue sair com uma mulher que use pontos de exclamação! (Essa exclamação é para ele.) E quantas pessoas com as quais nos relacionamos não têm nenhum interesse em alguém, se não for uma pessoa suficientemente determinada, linda ou rica?

Ser bom no papel não quer dizer nada a longo prazo. Não há sentido em restringir a busca a pessoas que preenchem todos os requisitos de uma lista, pois assim vocês estariam apenas se propondo um desafio impossível. Escolham, isso sim, algumas coisas realmente importantes e deem uma chance às pessoas. Desse modo, poderão ter uma surpresa agradável.

Sejamos francos: todos provavelmente conhecemos pessoas que acabaram se ligando a alguém com quem nunca imaginaram que se relacionariam, mesmo que esse alguém fosse a última forma de vida no planeta. Afinal, nas palavras da tia Mame [do filme *A Mulher do Século*], "A vida é um banquete, e a maioria dos otários, coitados, está aí morrendo de fome!"

Se querem saber, perguntem a Peter Backus. O matemático contrariou as probabilidades que ele próprio tinha calculado: casou no ano passado.

2 Qual a importância da beleza?

Se a história de Peter Backus convenceu vocês a serem um tiquinho mais flexíveis em suas exigências, o próximo passo é descobrir como atrair seu objeto de desejo.

Escolher o companheiro é uma das mais importantes decisões a tomar na vida – parte muito grande de sua felicidade futura depende de quem vocês vão escolher para juntar os trapos. E com certeza há várias coisas que todos gostaríamos de encontrar em nossos companheiros: disposição de fazer concessões; capacidade de prover o sustento; alguém que seja afetuoso e que saiba perdoar e apoiar. Mas, embora essas sejam características realmente importantes, vocês já se perguntaram por que ficamos tão obcecados com a aparência das pessoas?

Lábios carnudos e bíceps definidos podem ser bonitos agora, mas não vão ser de muita ajuda às quatro da matina, quando for preciso trocar a fralda do bebê. Ou, daqui a sessenta anos, quando a bolsa do nosso cateter precisar ser trocada. Apesar disso, estamos cegos pela beleza desde a aurora da civilização. Será mesmo possível que as pessoas de todas as sociedades tenham se iludido ao pensar que alguma coisa tão vã e transitória como a beleza seja a mais importante? Ou será que, dada a onipresença do tema beleza no decorrer da história, não há aí algo mais sutil em jogo?

Ao longo dos séculos, cientistas, matemáticos e psicólogos dedicaram considerável massa cinzenta à tentativa de definir a essência vaga e fugidia da beleza. Embora muitas dessas ideias se baseiem mais na ciência que na matemática, vale a pena saber o que vocês estão confrontando na luta pelo afeto – e por que a beleza está longe de ser apenas superficial. Só que eu não chegaria a recomendar que agora vocês fossem correndo fazer uma plástica radical no rosto: mais adiante, neste capítulo, também veremos como aproveitar as regras da percepção humana para ficar mais atraentes sem precisar entrar na faca.

Uma regra universal de beleza

Os debates sobre se uma pessoa é ou não gatíssima ganham interesse apenas porque as pessoas veem a beleza de forma diferente. Mas existem – sobretudo em Hollywood – uns poucos afortunados cujo rosto é tão bonito que parece haver unanimidade sobre a sua aparência. Portanto, devem existir alguns critérios básicos com os quais todos concordamos. E, se todos entendemos subconscientemente tais regras, deveria ser fácil definir o que faz aqueles rostos sobressaírem.

Algumas pessoas acreditam que já chegamos à resposta definitiva sobre o que torna alguém bonito.

Elas afirmam que essa resposta está num conceito matemático chamado "razão áurea".

Caso vocês ainda não tenham ouvido falar da razão áurea, trata-se de um número irracional que é aproximadamente igual a 1,61803399... e que costuma ser representado pela letra grega *fi*, ou Ö. A definição de "razão áurea" provém da geometria, mas constatou-se que pode ser aplicada a uma quantidade enorme de coisas, desde o número de pétalas das flores até a expansão populacional dos coelhos.

A razão áurea também é repetidamente associada à beleza humana. Vocês talvez já tenham ouvido dizer que o rosto perfeito deve ter a boca 1,618... vez maior que a base do nariz; sobrancelhas 1,618... vez mais largas que os olhos; e assim por diante.

À primeira vista, isso deveria fazer sentido. Olhos muito separados um do outro ou que praticamente se tocam podem não se enquadrar na ideia que a maioria das pessoas tem de beleza. E aplicar a razão áurea a rostos humanos produz mesmo resultados aparentemente convincentes. O cirurgião plástico Stephen Marquardt até desenvolveu uma máscara baseada na razão áurea, que ele usa para ajudá-lo a preparar a intervenção cirúrgica em pacientes com fisionomia menos consagrada. A máscara do dr. Marquardt foi sobreposta ao rosto de beldades célebres como Angelina Jolie, Elizabeth Taylor e outras, todas aparentemente dotadas de características que correspondem às da máscara.

Ligar a beleza à razão áurea é uma teoria bacana que vocês encontrarão em numerosos blogs de beleza e vídeos do YouTube. Há apenas um problema – não é ciência séria.

Ciência de verdade é tentarmos o máximo possível *invalidar* nossas próprias teorias. Quanto mais tentamos e falhamos em provar que estamos errados, mais indícios há para demonstrar que o que estamos dizendo é verdadeiro. Por mais que eu gostasse de ver a beleza ser definida por um único número, receio que vasculhar milhares de rostos e calcular toda proporção possível até achar algo que corresponda a uma teoria não é, simplesmente, ciência.

O problema em usar a razão áurea para definir a beleza humana é que, se procurarmos com persistência algum padrão determinado, vamos, praticamente, acabar por achá-lo, em especial quando estivermos dispostos a ser um pouco vagos em nossas definições. Como definimos onde é o "começo" da orelha ou em que ponto o nariz "termina" de fato? E como fazer isso com um grau de exatidão de cinco ou mais casas decimais na razão áurea?

Um dia talvez apareça alguém com uma boa explicação do motivo pelo qual o corpo humano tem predileção por esse número. Até lá, entretanto, a razão áurea como definição da beleza vai continuar se afigurando "o mito que não quer ir embora", nas palavras do matemático britânico Keith Devlin, da Universidade Stanford.

Mas, felizmente para os objetivos deste livro, existem *mesmo* algumas ideias matemáticas que de fato parecem estar ligadas à beleza. E cada uma dessas ideias contém uma explicação própria para a evolução nos ter programado para valorizar certas características em potenciais companheiros.

Entre tais ideias, uma das primeiras a serem descobertas foi nossa preferência por um formato médio de rosto. Desde o século XIX, os pesquisadores sabem que, ao sobrepor as imagens de um monte de rostos de um determinado grupo étnico, chegaremos a um rosto médio que é amplamente considerado atraente. Cada grupo étnico tem um ideal diferente, mas, na essência, depois que aparamos queixos grandões, orelhas assimétricas e testas grandes, o que resta é um pedaço de mau caminho completamente mediano (ainda que nada excitante).

A teoria é que quando procuramos companheiros, tendemos a não gostar de formatos de rosto pouco habituais, por medo de que eles indiquem uma mutação genética esquisita que queremos evitar transmitir para a nossa futura prole.

Pensar na saúde e no sucesso dos filhos que teremos é atitude recorrente quando julgamos feiura e beleza. A simetria facial também sobressai como fator estético, e as pessoas com rostos naturalmente simétricos recebem pontuação consistentemente alta quando se fazem levantamentos de atratividade. Mas parece que, ao considerarmos bonitos os rostos simétricos,[1] não estamos fazendo mais que validar um atestado de saúde subjacente.

Sempre que pegamos uma tosse ou um resfriado na infância, isso terá um pequenino impacto em nosso desenvolvimento, alterando ligeiramente os padrões de crescimento. Um dos olhos pode ficar alguns milímetros mais alto, ou uma das narinas só um tiquinho maior. O efeito pode ser mínimo, mas parece ser suficiente para que as pessoas reparem subconscientemente nesses sinais quando avaliam a beleza. Em algum nível subliminar, todos sabemos da possibilidade de alguém com traços ligeiramente assimétricos não ter o melhor sistema imunológico. E, afinal, queremos que a nossa futura prole seja o mais saudável possível.

A influência evolutiva sobre o que pensamos a respeito da beleza não para aí. Ela também desempenha seu papel naquelas características que universalmente atraem homens e mulheres. Rostos femininos com queixo fino, olhos grandes e lábios mais cheios são os mais valorizados em muitas culturas diferentes. Do mesmo modo, há ampla preferência por rostos masculinos de aspecto forte e mandíbula bem definida. A importância desses traços parece residir na sua relação com a respectiva prevalência de hormônios masculinos e femininos.

1. Aqui, só para esclarecer, estamos falando de simetria reflexiva, também chamada bilateral ou especular. Nos rostos, a simetria rotacional, ou radial, costuma ser considerada péssima.

Quando as meninas passam pela puberdade, os hormônios têm impacto direto no modo como os traços faciais se desenvolvem. As adolescentes com altos níveis de estrogênio acabarão tendo lábios carnudos e uma boa proporção entre cintura e quadril, e aquelas com níveis mais baixos de andrógenos (os esteroides anabólicos originais) conservarão o queixo curto e estreito da infância, associado a uma fronte mais plana, o que lhes confere olhos aparentemente muito maiores.

E – surpresa! – esse saldo de hormônios femininos está positivamente relacionado à fertilidade.

Já os meninos precisam de testosterona durante toda a puberdade para desenvolver massa muscular, queixo mais largo e arcada supraciliar definida, o que resulta inevitavelmente em olhos mais fundos. E a testosterona, o hormônio sexual masculino, é boa indicadora de fertilidade.

Assim, ao escolhermos um rapaz de queixo forte ou uma garota de lindos lábios carnudos, o que estamos realmente fazendo é ceder ao nosso desejo evolutivo de procriar. É por isso que as mulheres usam batom. Para que os homens queiram ter filhos com elas.

Preferências pessoais

Mas ainda não há necessidade de correr para o cirurgião plástico. Mesmo com todas essas normas aparentemente universais, ainda há um grande espaço para as preferências sociais. A despeito de tudo o que dissemos sobre simetria e hormônios, às vezes as pessoas que não obedecem a essas normas são as que acabam sendo consideradas as mais atraentes.

Por exemplo, parece que as regras da simetria só funcionam mesmo em *retratos*. Na vida real, muita gente sente atração por características assimétricas. Não apenas essas características denotam mais personalidade, como também se acredita que as pessoas que as têm sejam mais sinceras. Durante a fala, 76% dos indivíduos exibirão movimento mais pronunciado no lado direito da boca. Podemos não reparar nisso, mas parece que, subconscientemente, as pessoas acham a assimetria fisionômica um traço mais natural e, por conseguinte, mais atraente.

Do mesmo modo, não é verdade que quanto mais masculino ou feminino o rosto, melhor. Cada um de nós considera que estes ou aqueles traços de personalidade são particularmente atraentes nos companheiros, e hoje se reconhece que há indícios — ainda que eles não cheguem a configurar uma fisiognomonia — de que as qualidades que desejamos num parceiro se refletem em nossa preferência por rostos diferentes.

Por exemplo, a testosterona, que proporciona queixos quadrados e arcadas supraciliares definidas, é também o hormônio que leva as pessoas a serem enérgicas e agressivas; no entanto, algumas mulheres preferem companheiros mais tranquilos. Do mesmo modo, para os homens que preferem mulheres mais agressivas, olhos grandes e queixo miúdo podem simplesmente fazê-las parecer um pouquinho vulneráveis demais; algumas pessoas preferem companheiros com mais "pegada".

Vocês talvez se surpreendam com a facilidade com que somos capazes de perceber traços de personalidade no rosto das pessoas. A maioria de nós consegue fazer isso sem sequer se dar conta. Vejam as figuras abaixo, por exemplo: qual o rosto masculino e qual o rosto feminino que parecem mais impositivos? E quais parecem mais afáveis?

Se vocês escolherem B e D como os mais impositivos, repetirão a reação de 90% da população. Essas imagens foram construídas ao se sobrepor os rostos que as pessoas que valorizam muito a assertividade acharam mais atraentes. De modo análogo, as figuras A e C foram construídas ao se sobrepor os rostos que as pessoas que valorizam companheiros afáveis consideraram atraentes. Chega-se a resultados semelhantes para outras características: pessoas que procuram companheiros extrovertidos julgam atraentes os rostos que as pessoas conseguem identificar como extrovertidos; vale o mesmo para as pessoas que procuram os introvertidos ou neuróticos. A beleza está mesmo nos olhos de quem vê.

Há muito mais coisas na ciência da boa aparência física,[2] mas, no fim das contas, a beleza é o que se encontra fora das equações. Cada um de nós tem realmente um ideal que é só nosso, único, de modo que não existe solução matemática aí. Isso quer dizer que não adianta nada ficarmos nos estressando se não somos ou não nos achamos bonitos. Vamos nos concentrar mais em desenvolver um papo sensacional e um charme irresistível.

Mudando a maneira como as pessoas nos veem

Talvez não seja então possível mudarmos o rosto para torná-lo mais universalmente atraente. Porém, quando se trata de escolhermos companheiros, a capacidade de escolha humana entra em ação. Escolha implica probabilidade, e probabilidade significa que os matemáticos podem agora pôr mãos à obra.

Quando alguém resolve nos abordar num barzinho, ou aceitar nosso flerte numa festa, não está comparando nossa beleza com a de todos os rostos do mundo. Ninguém liga se não nos parecemos com George Clooney ou Heidi Klum. O que as pessoas fazem é tomar decisões com base nas opções disponíveis na hora, e é aí que talvez surja espaço para usarmos vantajosamente uma ideia matemática.

---

2. Veja-se, por exemplo, *In Your Face* [No seu rosto], livro de David Perrett que traz um levantamento abrangente e bem escrito da matéria.

Ao definirmos aquelas opções na forma de equações, estamos capacitados a criar uma linguagem para explicar por que fazemos determinadas escolhas, o que ficou conhecido como "teoria da escolha qualitativa" [*discrete choice theory*].

Não obstante nossas ilusões de livre-arbítrio, há algumas normas simples que as pessoas costumam seguir quando tomam decisões. Elas permitem que as escolhas das pessoas sejam surpreendentemente fáceis de manipular. Somos todos um pouquinho "previsivelmente irracionais", como afirma o economista americano Dan Ariely.

Imaginem que estamos no saguão do cinema escolhendo o que comprar para comer durante o filme. Talvez a pipoca pequena custe 5 dólares e a grande, salgados 8,50. A opção grande parece caríssima, até que o vendedor assinala que isso é só 50 centavos a mais que o preço da pipoca média. Nenhuma pessoa sensata escolheria comprar a média quando pode ter a grande por uns centavos a mais, mas o fato de a média estar disponível pesa muito na nossa decisão: ela serve para fazer a grande parecer muito mais negócio.

Em economia, isso é chamado "efeito isca". O que ele demonstra é que a presença de uma opção irrelevante consegue mudar o modo de encararmos nossas escolhas. Os especialistas em *marketing* exploram o efeito isca há décadas, mas ele também tem o potencial de nos ajudar a parecer mais atraentes.

Em *Previsivelmente irracional*, livro que publicou em 2008, Dan Ariely explica o impacto do efeito isca na percepção da beleza humana.

Ao fazer um levantamento entre seus alunos sobre os atrativos de uma gama de rostos masculinos, Ariely constatou que dois rostos foram considerados igualmente atraentes; vamos dar a esses dois homens os nomes Adam e Ben. Usando o Photoshop, Ariely criou versões enfeadas tanto de Adam como de Ben, e depois, para testar sua teoria, imprimiu-as em duas folhas separadas.

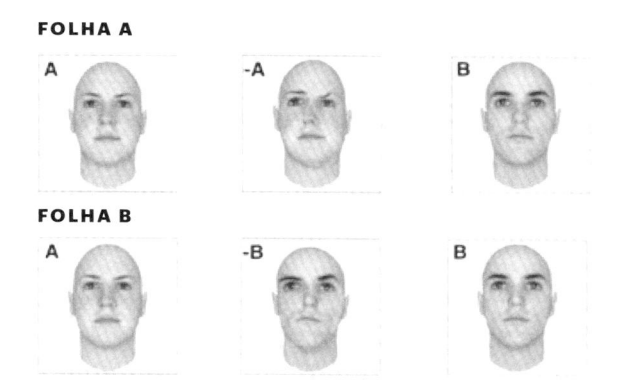

A primeira folha mostrava os rostos de Adam e Ben sem Photoshop, mas trazia também a versão enfeada de Adam, como na primeira fileira da imagem acima. A segunda folha também mostrava os retratos originais de Adam e Ben, mas acrescia a versão feia de Ben, como na segunda fileira.

Ariely distribuiu essas folhas a seiscentos alunos seus, sendo que 50% deles viram apenas a primeira folha, e os outros 50%, apenas a segunda, e pediu a cada participante que dissesse qual rosto considerava mais atraente.

Ninguém escolheu as imagens enfeadas, mas a presença delas nas folhas teve enorme impacto.

Quando aparecia o Adam feio, 75% dos participantes diziam achar o Adam original o mais atraente. Quando aparecia o Ben feio, acontecia exatamente o oposto: 75% das pessoas achavam que a imagem original de Ben era a mais bonita das três.

Em ambas as folhas, as versões enfeadas de Adam e Ben serviam para tornar mais atrativas as imagens originais, tal como o efeito isca possibilitava prever.

A mensagem para que as pessoas pareçam mais atraentes é clara. Quando forem a uma festa e conversarem com potenciais parceiros, escolham como acompanhante alguém que se pareça com vocês, só que seja ligeiramente menos atraente. Com alguém assim por perto, vocês vão se afigurar uma opção melhor.

Se isso parece muita insensibilidade, lembrem-se de que fazer tais julgamentos é algo que todos fazemos instintivamente. A matemática é a linguagem da natureza, e, ao prestarmos atenção ao que os matemáticos nos dizem, podemos compreender melhor como e por que fazemos determinadas coisas.

Afinal, nas palavras de George Bernard Shaw, "O amor consiste em superestimar a diferença entre uma mulher e outra". Não se acanhe, portanto, em se aproveitar do efeito isca.

3 Como maximizar as noitadas

Embora a maior parte deste livro seja dedicada à busca do amor romântico, duradouro, verdadeiro, consta que de tempos em tempos homens e mulheres agem de maneira muito mais vil. Para alguns, a noite de sexta não estará completa se não terminar na cama de alguém estranho. Para outros, uns amassos suados na pista de dança já valem o trabalho de sair de casa. Qualquer que seja nossa expectativa, este capítulo vai justamente mostrar como podemos maximizar nossas chances com o objeto de nosso afeto (ou, pelo menos, com a segunda melhor opção) na noitada.

Digamos que estejamos numa festa com um grupo de amigos solteiros, todos tentando decidir qual a melhor maneira de incrementar as possibilidades de conhecer alguém. Será que devemos relaxar e esperar que alguma pessoa interessante venha até nós? Ou é melhor irmos direto até as pessoas mais bonitas da festa, correndo o risco de uma rejeição humilhante? E quem deveríamos abordar para termos maior chance de sucesso?

Se formos todos atrás da loura...

Quem quer que tenha assistido ao filme *Uma mente brilhante* talvez possa pensar que a matemática já tem a resposta para as perguntas acima. O filme acompanha a trajetória do superastro da matemática John Nash e inclui algumas dramatizações que explicam as principais descobertas de Nash em seu campo de trabalho. Numa cena famosa, ele e seus três encantadores amigos avistam num bar um grupo de cinco mulheres: quatro morenas e uma loura particularmente bonita.

Na mesma hora, os quatro homens grudam os olhos na loura. Mas, em vez de correrem todos para cobri-la de atenção, Nash propõe uma abordagem diferente. Estrategicamente, sugere que o melhor é descartar a loura e se concentrar nas quatro amigas morenas:

> *Se formos todos atrás da loura, vamos só atrapalhar uns aos outros, e nenhum de nós vai ficar com ela. Aí teremos de ir atrás das amigas, mas elas vão nos rejeitar, porque ninguém gosta de ser prêmio de consolação. Porém, e se nenhum de nós for atrás da loura? Nesse caso, não vamos nem ficar no caminho um do outro nem ofender as outras. É o único jeito de a gente se dar bem.*

Permitam-me uma pausa para assinalar os pressupostos implícitos:

1. A loura vai ficar com qualquer um, desde que apenas um dos homens a aborde.
2. As garotas não merecem dar palpite nenhum na maneira como são repartidas entre os homens.
3. Todos prefeririam ficar com alguém que nem acham muito interessante a não ficar com alguém.

Porém, apesar dessa adorável demonstração do conceito de igualdade entre os sexos nos anos 1950, o exemplo ilustra algo interessante e aparentemente ilógico: nem sempre o melhor é ir atrás da pessoa pela qual sentimos maior atração. Ao menos na situação descrita, todos se dão melhor se não levarem em conta as preferências pessoais.

O conceito matemático implícito nesse problema é a teoria dos jogos – uma maneira de formalizar estratégias e determinar a melhor tática em uma determinada situação.

Apesar do nome, a teoria dos jogos não diz respeito apenas ao estudo de atividades que são realizadas para entretenimento. Pode ser aplicada a qualquer situação em que dois ou mais adversários competem por algum tipo de gratificação. No exemplo, os amigos competem por mulheres; a teoria dos jogos, porém, tem sido empregada com sucesso numa gama muito grande de áreas, da biologia evolutiva (animais de uma mesma espécie, mas com traços diferentes, que competem por alimento ou recursos) até a economia e política (os governos, para influenciar o comportamento dos cidadãos, contrabalançam interesses que concorrem entre si).

Em *Uma mente brilhante*, um modo como os quatro homens podem se dar bem é mesmo esquecendo a loura. No entanto, o plano ficcional de Nash tem uma falha: qualquer um dos quatro poderia facilmente fazer os amigos acharem que ele está seguindo o combinado e, no último segundo, nem se aproximar da morena que lhe coube, abordar a loura e terminar como o triunfante vencedor. Todos os homens ainda ficariam cada um com uma garota, embora essa estratégia seja perigosa quando se pretende conservar os amigos.

Entretanto, não seria sensato passar a perna nos amigos caso o primeiro pressuposto de Nash estivesse errado. Se a loura tivesse óbvia preferência pelo mais atraente e não demonstrasse interesse pelos outros três, as estratégias estariam claras para todo mundo. O mais bonito deveria ir atrás da loura, e os outros três deveriam fazer par com as morenas. Neste caso, se algum dos outros três tentasse abordar a loura no último segundo, as tentativas dele seriam rechaçadas e só prejudicariam as chances com as morenas. Na proposta de Nash, cada um dos homens faria o melhor para si mesmo (o chamado "equilíbrio de Nash") e, ao mesmo tempo, o melhor para o grupo (conduzindo também ao "equilíbrio de Pareto").

No mundo real, infelizmente, é bem raro topar com uma situação assim tão ajeitadinha, em que há quatro clones de morena destituídos de opinião e uma gatona loura pela qual todos estão apaixonados. Na vida real, os integrantes de um grupo têm preferências diferentes, e costuma ser difícil convencê-los a desconsiderar essas preferências em prol de um bem maior.

Assim, por enquanto, talvez tenhamos de deixar a teoria dos jogos de lado. Isso não quer dizer, porém, que a matemática não tenha nenhuma dica para nos ajudar nas noitadas. Para termos uma visão mais realista, podemos voltar nossa atenção para uma teoria que esclarece o grau de atrevimento que devemos ter ao sair.

Quem abordar nas festas

Imagine que em uma festa três rapazes comecem a bater papo com três moças. Escolhendo alguns nomes de modo totalmente aleatório, vamos chamar esses seis solteiros de Joey, Chandler, Ross, Phoebe, Monica e Rachel. Também vamos supor que cada um deles tenha suas preferências pessoais – uma lista ordenada daqueles com quem gostaria de ficar.

Muito embora todas as personagens e acontecimentos deste exemplo sejam inteiramente ficcionais e não tenham relação com nenhuma série de TV protegidíssima por direitos autorais, resolvi – ao acaso – fazer que Ross e Monica sejam irmãos. Mas resolvi também que eles prefiram sair da festa juntos (fraternalmente) que sozinhos. Assim, os dois irmãos aparecem aqui como a terceira escolha um do outro.

	1ª ESCOLHA	2ª ESCOLHA	3ª ESCOLHA
Ross	Rachel	Phoebe	Monica
Chandler	Rachel	Monica	Phoebe
Joey	Phoebe	Rachel	Monica

	1ª ESCOLHA	2ª ESCOLHA	3ª ESCOLHA
Rachel	Joey	Ross	Chandler
Phoebe	Ross	Chandler	Joey
Monica	Joey	Chandler	Ross

Rachel é a mais disputada das moças, encabeçando a lista tanto de Ross quanto de Chandler. E tanto Rachel como Monica colocaram Joey no topo de sua própria lista. Esses conflitos entre o desfecho que as pessoas desejam implicam – se é para todo mundo ir embora acompanhado – algum tipo de concessão.

Se deixássemos esse roteiro se desenrolar segundo a tradicional fórmula em que o homem aborda a mulher, cada um dos rapazes daria em cima de sua primeira escolha.

Já que Rachel é abordada tanto por Ross como por Chandler, ela precisa escolher um deles. Ross aparece à frente na lista de preferências de Rachel, e assim Rachel e Ross ficam juntos – ao menos por enquanto, pois Rachel torce secretamente para que Joey lhe dê alguma atenção.

Chandler, agora sozinho e em busca de um par, vai atrás daquela que é sua segunda opção: Monica. Uma vez que Monica não tem nenhuma outra proposta, ela fica com Chandler; mas Monica, assim como Rachel, torce secretamente para que Joey dê em cima dela.

Phoebe, que não foi abordada nem por Ross nem por Chandler, fica com Joey.

Tudo definido, então. Todos os rapazes conseguiram, e os casais são:

1. Ross – Rachel
2. Chandler – Monica
3. Joey – Phoebe

Nós agora nos vemos numa situação em que nenhum dos rapazes tem como arrumar um par que ele considere melhor. Chandler foi o único que não ficou com a sua preferida – Rachel –, mas ela já o tinha rejeitado. Os rapazes não têm nenhum incentivo para trocar de par, mesmo que agora as garotas resolvessem abordar seus pares preferidos. Rachel bem poderia preferir Joey, mas Joey já está com sua primeira escolha e não teria interesse nenhum em trocar de par.

A situação é menos interessante para as garotas. Rachel, Phoebe e Monica acabaram ficando, respectivamente, com a segunda, a terceira e a segunda opção. Um resultado nada espetacular numa lista de três, especialmente comparado à situação dos rapazes, que acabaram conseguindo, respectivamente, a primeira, a segunda e a primeira preferida.

Esse arranjo é conhecido como "problema do casamento estável", e o processo pelo qual os amigos arrumaram par é chamado "algoritmo de Gale-Shapley". Se examinarmos a matemática que está por trás desses pareamentos, veremos alguns resultados notáveis. Independentemente do número de rapazes e moças, verifica-se que, quando são os rapazes a fazer a abordagem, há quatro desfechos sempre verdadeiros:

1. Todo mundo consegue um par.
2. Depois que se definem todos os pares, nenhum homem e nenhuma mulher de casais diferentes ficariam mais satisfeitos se terminassem juntos

(por exemplo, Phoebe pode até ter ainda olhos
para Ross, mas ele está feliz com Rachel).

3. Depois de definidos todos os pares, os homens vão
ter a melhor companheira disponível para eles.

4. Depois de definidos todos os pares, as mulheres vão
ter ficado com o menos ruim de todos os homens
que a abordaram.

Os últimos dois pontos demonstram um resultado
particularmente surpreendente: em resumo, o grupo que
dá em cima e sempre se arrisca a ser rejeitado acaba se
saindo muitíssimo melhor que o grupo que apenas fica
esperando e aceita as investidas dos pretendentes.

Para vermos esse princípio em ação, podemos refazer
aquele nosso exemplo simples invertendo os papéis
masculinos e femininos. Se usarmos o mesmo processo,
mas fizermos as garotas darem em cima dos rapazes, o
resultado será os seguintes pareamentos:

1. Rachel – Joey
2. Phoebe – Ross
3. Monica – Chandler

Agora, as garotas conseguirão, respectivamente,
a primeira, a primeira e a segunda escolha – uma
melhora substancial. Dessa vez, os rapazes só obterão
a segunda, a segunda e a segunda escolha – um
desfecho pior do que quando foram eles que tomaram
a iniciativa.

Para nós, esse resultado intuitivamente tem sentido. Se formos à luta, começarmos pelo primeiro objetivo da lista e depois formos descendo gradativamente, acabaremos ficando sempre com a melhor pessoa entre as que se disporiam a ficar conosco. Se esperarmos as pessoas nos abordarem, acabaremos na companhia da menos ruim entre as que nos procuraram. Independentemente do tipo de relacionamento que desejarmos, vale a pena tomar a iniciativa.

A diferença de desfecho entre quem toma a iniciativa e quem apenas fica à espera da atitude de outra pessoa se mostra particularmente importante quando se aplica o problema do casamento estável a mais do que casais imaginários em festas – algo que o governo americano descobriu do jeito mais difícil.

Por meio do National Resident Matching Program (NRMP), o governo dos Estados Unidos vem, desde os anos 1950, usando o algoritmo de Gale-Shapley para designar médicos residentes para os hospitais. De início, eram os hospitais que faziam a abordagem. Isso lhes proporcionava os residentes que queriam, mas não funcionava bem para os médicos, que precisavam mudar para o outro lado do país a fim de ficar com a menos ruim das ofertas de emprego. O resultado era que o sistema de saúde acabava repleto de médicos insatisfeitos e, por conseguinte, de hospitais também insatisfeitos. Os organizadores do NRMP, depois de terem constatado isso, fizeram que os médicos, e não mais os hospitais, assumissem o papel de proponentes.

Mas o algoritmo de Gale-Shapley não se aplica apenas a pareamentos em hospitais e baladas. Ele tem sido empregado numa vasta gama de situações da vida real: alocação de residências odontológicas, colocação profissional de advogados, destinação de alunos a escolas secundárias, recrutamento para irmandades universitárias femininas... O algoritmo é tão útil que existe enorme bibliografia acadêmica dedicada a pesquisar seus desdobramentos e casos especiais – muitos dos quais ainda se aplicam ao problema original dos casais em um bar.

Os matemáticos têm adaptado o método para possibilitar que tanto homens quanto mulheres abordem qualquer dos sexos simultaneamente. Também modificaram as regras para incluir empate nas listas de preferências ou situações em que preferimos ir sozinhos para casa a ficar com aquela figura esquisita lá do canto. Os acadêmicos têm até estudado o que acontece em caso de infidelidade masculina (mas, estranhamente, não da feminina).

Aqui e ali, a matemática desses casos especiais pode se mostrar bem complicada (entretanto, caso se interessem em saber mais, há um monte de maravilhosas referências bibliográficas no final deste livro). A despeito de todos os desdobramentos e exemplos, porém, a mensagem permanece a mesma: se conseguirmos lidar com as rejeições apavorantes que ocorrem de quando em quando, tomar a iniciativa sempre acaba valendo a pena. É sempre melhor darmos em cima de alguém do que esperar as pessoas virem até nós. Por isso, mirem alto – e mirem com frequência. É o que a matemática manda fazer.

4 Encontros virtuais

É de esperar que agora vocês tenham coragem suficiente para, munidos apenas de seus conhecimentos sobre o problema do casamento estável, abordar os gatos ou as gatas nas festas. Só que festas em excesso podem vir a ser um pouco estafantes, e não são muitas as que têm um Joey ou uma Rachel para deixar as coisas interessantes. Levando isso em conta, por que não nos voltamos para uma abordagem que nos leve ao sucesso enquanto permanecemos no conforto de nossa casa? Chegou a hora dos encontros virtuais.

Hoje, quase todo mundo conhece algum casal que se conheceu em um *site* de encontros. Apesar dos velhos estigmas, adotamos para valer essa nova maneira de buscar o amor. Segundo as estatísticas mais recentes, ¾ dos solteiros americanos já experimentaram *sites* de encontros, e ⅓ dos recém-casados se conheceu pela internet.

O apelo desses serviços é óbvio. Não é preciso juntar coragem para abordar garotas em barzinhos enquanto os amigos estão olhando, nem passar pelo sofrimento de acabar ficando com alguém que se descobre ter o carisma de uma samambaia. Com a internet, passa a haver muito mais oferta. Os atuais *sites* de encontros proporcionam acesso fácil a incontáveis solteiros e solteiras sob medida para as nossas pretensões, e o par perfeito está a apenas um clique de distância.

Ou, pelo menos, é o que pensamos – mas às vezes o excesso de opção só dificulta separar o joio do trigo. Para alguns, os encontros virtuais são uma difícil sucessão de sapos sem a recompensa de um príncipe ou uma princesa no final. Para outros, o maior número de opções significa maior número de rejeições. A boa notícia, como sempre, é que a matemática está aí para ajudar.

Para os matemáticos que, como eu, estudam os padrões do comportamento humano, os encontros virtuais são uma bênção inesgotável. Os rastros que as pessoas deixam *on-line* já proporcionaram novos e fascinantes esclarecimentos sobre o amor. Ao realizarem experimentos com casais que nem desconfiam disso, os matemáticos tornam-se cada vez mais capazes de oferecer uma abordagem científica para a busca de um par amoroso. E por termos estudado os relacionamentos de pessoas que se conheceram em *sites* de encontro, nós também já descobrimos por que todas as tentativas feitas para achar cientificamente o par perfeito não funcionam – pelo menos, não da maneira que desejamos. E ao observar os tipos mais populares *on-line*, os cientistas podem, agora, dar conselhos de como se sobressair na multidão cada vez maior de solteiros da internet.

Eu poderia ter escrito um livro inteirinho sobre encontros virtuais e o que eles ensinam sobre nós mesmos. Infelizmente, vocês terão de se virar apenas com este capítulo – mas torço para que ainda assim ele lhes dê dicas de como a matemática pode ajudar em nossa moderna busca pelo amor.

Como calcular estatísticas em encontros amorosos

Os *sites* de encontros são o perfeito catálogo de acesso fácil a estranhos namoráveis, possibilitando que filtremos todos por localidade e faixa etária antes de iniciarmos a busca. Caso vocês estejam procurando algo mais específico, porém, certos *sites* vão ainda mais longe: oferecem uma abordagem científica para encontrar um par.

Esses *sites* excluem solteiros e solteiras que não atendem nossos ideais e também sugerem pessoas namoráveis nas quais não teríamos reparado se nos baseássemos somente em aparência ou localidade. Um dos *sites* com esse tipo de abordagem mais bem-sucedidos é o OkCupid, gratuito, fundado por um grupo de matemáticos e baseado num algoritmo particularmente elegante.

Um algoritmo parece uma receita culinária: é uma série de etapas lógicas que podem ser usadas para cumprir uma tarefa. O algoritmo do OkCupid, por exemplo, pega o questionário que os membros preenchem ao se cadastrar e, depois de uma série de etapas lógicas, gera uma pontuação que ilustra quanto duas pessoas foram ou não feitas uma para a outra.

Os três ingredientes fundamentais são (1) as respostas que damos; (2) as respostas que gostaríamos de ouvir; e (3) qual o grau de importância de cada pergunta para nós.

O último desses ingredientes é especialmente importante, já que possibilita a cada um personalizar o processo. É possível que a orientação política do futuro par seja mais importante que a pessoa querer ou não ter filhos; ou então o oposto disso. Talvez quanto a pessoa ganha, ou quanto gosta dos filmes de Ryan Gosling, constitua critério obrigatório para avaliar um relacionamento em potencial (mas, se for este o caso, pode ser que você queira reconsiderar; veja o capítulo 1). Cada pessoa precisa de um mecanismo para filtrar o que realmente lhe interessa.

Ao querer saber "Qual o grau de importância desta pergunta?", a equipe do OkCupid consegue atribuir um valor às respostas que damos:

1. Nem um pouco importante 1
2. Um pouco importante 10
3. Importante 50
4. Muito importante 100
5. Indispensável 250

Esses valores estabelecem a pontuação máxima que o par em potencial pode obter em qualquer pergunta.

Para demonstrar como o algoritmo opera ao calcular um percentual de adequação amorosa, vamos usar como exemplo dois nomes escolhidos totalmente ao acaso: Harry e Hermione.

Nesse exemplo, há apenas duas perguntas: "Você gosta de quadribol?" e "Você é bom/boa em derrotar bruxos do mal?"

Harry	VOCÊ GOSTA DE QUADRIBOL?	VOCÊ É BOM/BOA EM DERROTAR BRUXOS DO MAL?
Resposta de Harry	Sim	Sim
Resposta que Harry quer de um par em potencial	Sim	Sim
Importância da pergunta para Harry	Um pouco importante	Muito importante

Hermione	VOCÊ GOSTA DE QUADRIBOL?	VOCÊ É BOM/BOA EM DERROTAR BRUXOS DO MAL?
Resposta de Hermione	Sim	Não
Resposta que Hermione quer de um par em potencial	Não	Sim
Importância da pergunta para Hermione	Nem um pouco importante	Indispensável

Baseando-se nessas respostas, o algoritmo utilizado para calcular o grau de afinidade entre Harry e Hermione pode ser desmembrado em um simples processo de três etapas:

Etapa 1

Primeiro, precisamos calcular quanto Hermione seria um bom par para Harry.

Harry avalia a primeira pergunta apenas como "Um pouco importante", o que significa que Hermione pode fazer no máximo 10 pontos. Já que a resposta corresponde ao que Harry procura, Hermione obtém 10 dos 10 pontos possíveis para a primeira pergunta, da perspectiva de Harry.

Harry avalia a segunda pergunta como "Muito importante", e, como Hermione respondeu "Não", não pontua nesse quesito.

O percentual total de compatibilidade de Hermione com Harry é, portanto, (10+0)/(10+100) = 10/110 = 9,1%.

Etapa 2

Em seguida, repetimos a etapa 1, só que dessa vez calculando quanto Harry é um bom par para Hermione.

Olhando para as preferências de Hermione, a primeira pergunta vale 1 ponto, já que ela a classifica como "Nem um pouco importante". Visto que Harry respondeu "Sim" e Hermione estava querendo um "Não", Harry não consegue pontuar. Talvez Hermione não queira alguém que só fale de quadribol (algo com que todos podemos nos identificar).

Enquanto isso, a segunda pergunta vale prodigiosos 250 pontos para Hermione, e é preciso reconhecer: quem não fica toda encantada com um feitiço Expelliarmus bem-executado? Harry obtém todos os 250 pontos.

O percentual total de compatibilidade de Harry com Hermione é, portanto, (0+250)/(1+250) = 250/251 = 99,6%. Hermione vai simplesmente *adorar* Harry.

Etapa 3

A etapa final do processo consiste em combinar as duas pontuações para chegar ao total de afinidade.

Se solicitadas a calcular uma média, muitas pessoas naturalmente apelariam para a média aritmética. Desde os tempos de escola, a fórmula fica marcada quase a ferro e fogo em nossa lembrança; mas, caso alguém tenha esquecido, o cálculo é este: somamos os 99,6% de compatibilidade de Harry com Hermione e os 9,1% de Hermione com Harry e dividimos por 2. Chegamos a 54,35% – valor que está 45,25% distante dos percentuais originais tanto de Harry quanto de Hermione.

Quando se trata de encontros, porém, a opinião de ambas as pessoas é importante. Um encontro em que uma das pessoas se diverte como nunca, mas a outra conta os minutos para poder ir para casa é bem diferente de um em que as duas pessoas apreciam o suficiente. Só que em ambas as situações, embora completamente diferentes, seria factível termos uma média de 54,35%. Por isso, será preciso usar um tipo diferente de média se quisermos distinguir as duas situações.

No caso, uma média mais sensata seria a geométrica, que se baseia não na adição, mas na multiplicação. Com apenas duas perguntas, como temos aqui para Harry e Hermione,[1] a fórmula para calcular a compatibilidade geral é:

(porcentagem de compatibilidade de Harry com Hermione × porcentagem de compatibilidade de Hermione com Harry) elevada a ½

Ou seja, $(99,6 \times 9,1)^{1/2} = 30,1\%$ de compatibilidade geral.

A média geométrica, ao multiplicar, em vez de somar os valores, chega a um número no "ponto médio multiplicativo" (30,1% é 3,3 vezes maior que 9,1% e 3,3 vezes menor que 99,6%) e oferece uma maneira muito mais justa de levar em conta a opinião de ambas as pessoas. Harry pode ter atendido a todas as exigências de Hermione, mas ficaria furioso com a ausência de competência combativa da moça – daí os 30,1% de compatibilidade geral.

E é isso – aplique o mesmo algoritmo às centenas de perguntas disponibilizadas no OkCupid, repita o processo para cada um dos milhões de usuários e terá tudo o que precisa para ser um dos mais bem-sucedidos *sites* de encontros do mundo. Esse algoritmo é uma das abordagens mais agradavelmente simples, claras e precisas já tentadas para sugerir pares com base nas preferências pessoais. Ao lado do eHarmony e de outros *sites* semelhantes, o OkCupid está na companhia da Amazon e da Netflix como um dos mais utilizados sistemas de recomendação da internet.

---

1. Para n perguntas, a fórmula é: $\left(\Pi_{i=1}^{n} \ a_i\right)^{\frac{1}{n}}$

Mas há um problema – se a internet é a casamenteira definitiva, por que as pessoas ainda têm encontros horrorosos? Se a ciência é tão boa, aquele primeiro encontro deveria ser o último primeiro encontro da nossa vida, não? O algoritmo não deveria ser capaz de fornecer o par perfeito e ponto-final? Bem, talvez os questionários e os percentuais de compatibilidade não sejam essa maravilha que alegam.

Levando em conta a química pessoal

Certa vez, num encontro que arranjei pela internet, o rapaz achou por bem me furtar o sapato quando estávamos no meio da refeição. Em outro desses encontros, fui ao banheiro e, quando voltei, o rapaz tinha colocado o meu suéter – e ainda o rasgou ao vestir. Não parecia importar quanto o meu perfil on-line era detalhado nem a quantas perguntas eu havia respondido no *site*: ainda me via rotineiramente sentada em frente a alguém que perguntava se meus ruivos cabelos tinham gosto de morango.[2]

Preferências pessoais e listas individualizadas são os ingredientes ideais para filtrar nossas buscas em conformidade com nossos próprios critérios. Só que os cerca de oitenta anos de ciência dos relacionamentos nos ensinaram algo importante: usar os dados individuais para predizer como um casal vai se relacionar é algo que simplesmente não funciona.

---

2. Tudo o que estou contando aconteceu mesmo.

O problema é que só sabemos de verdade o que queremos quando encontramos. Diferentemente do que acontece nas interações com a Amazon ou a Netflix (interações nas quais conhecemos de fato nossos gostos para filmes e outros produtos), um questionário sobre nossas preferências pessoais não basta para predizer quem nos fará felizes. No fim das contas, encontrar um par amoroso é bem mais complicado do que comprar um boxe de DVDs.

Nós até podemos mesmo gostar de assistir a filmes do Ryan Gosling, mas isso não significa que curtiríamos assisti-los juntos. E embora o respeito em comum por Ryan Gosling possa ser um bom começo para uma primeira conversa ou encontro, não é provável que constitua um indicador sério de compatibilidade a longo prazo.

No entanto, não são apenas parâmetros tão triviais como preferências cinematográficas que falham em captar nossa possibilidade de sucesso como casal. São todas as combinações possíveis de dados personalizados: faixa etária, renda, escolaridade, convicções políticas, desejo de constituir família etc. Na vida real, nada disso pode ser traduzido num índice expressivo ou significativo de quanto seremos compatíveis com um par em potencial.

Numa postagem brilhantemente intitulada "We Experiment on Human Beings!" [Fazemos experiências com humanos!], o OkCupid até reconheceu que seus percentuais de compatibilidade vêm tendo sucesso apenas limitado em identificar a compatibilidade "mais a longo prazo". Para testar a eficácia do algoritmo do *site*, os programadores instruíram o computador a mentir para um grupo selecionado de usuários, dizendo a eles que tinham 90% de compatibilidade quando na realidade eles só tinham 30% de compatibilidade de acordo com o algoritmo.

O experimento teve alguns resultados interessantes: a probabilidade de os solteiros mandarem um ao outro uma mensagem inicial aumentava de 12,4% para 14,5% quando eles achavam que o percentual de compatibilidade era mais alto.

É muito mais provável, portanto, que as pessoas estabeleçam diálogo quando lhes dizem que são muito compatíveis, o que também indica que os usuários do OkCupid põem alguma fé no algoritmo. Isso talvez não surpreenda tanto; mas a gente bem poderia pensar que as conversas murchariam rapidinho depois que os dois se dessem conta de não serem compatíveis.

Na verdade, a maioria das conversas murchou mesmo depressa. Depois que enviaram a primeira mensagem, só 15% dos usuários enganados mantiveram uma conversa de quatro mensagens ou mais – embora isso ainda tenha sido um belo salto em relação aos 9% de usuários que sabiam ser incompatíveis.

Porém, ainda que 15% de iludidos e incompatíveis tenham iniciado uma conversa depois do primeiro contato, o resultado para as pessoas que de fato eram 90% compatíveis foi surpreendentemente parecido: 17%. Os muito compatíveis não se deram significativamente melhor um com o outro.

A ínfima diferença entre essas duas porcentagens – 15% e 17% – significa que o algoritmo de compatibilidade do OkCupid tem suas limitações quando se trata de predizer o sucesso real dos casais propostos. Claro, é mais fácil puxar conversa quando temos mais em comum, mas só. E isso não vai necessariamente nos ajudar a longo prazo.

Não se trata de falha na ciência que embasa o OkCupid. O algoritmo faz exatamente aquilo para que foi concebido: indica solteiros que atendam a nossas especificações. O problema aí é que não sabemos realmente o que queremos. Por isso, um algoritmo que consiga predizer com exatidão nossa compatibilidade com outra pessoa simplesmente ainda não existe.

Porém, pode ser que não estejamos muito longe de tal capacidade. Isso porque, apesar de nossa mente não conseguir nos dizer o que desejamos, nosso corpo com certeza sabe quando o encontra.

Qualquer um que já tenha conhecido alguém com quem de imediato se conectou é capaz de dizer quanto isso é empolgante – mas essas pessoas talvez não estejam cientes de quanto nossas ações variam sutilmente para exibir sinais reveladores dessa conexão. Há bastante tempo, os cientistas sabem que nossa linguagem corporal passa a espelhar a das pessoas por quem sentimos atração. As pupilas se dilatam, as palavras usadas na conversação se ajustam para reproduzir os padrões linguísticos do outro, e o riso também começa a se sincronizar. Tudo acontece em questão de minutos, e esses sinais podem ser usados para definir quantitativamente a conexão entre duas pessoas.

No entanto, também ficou demonstrado – e talvez surpreendentemente – que os sinais que emitimos quando acabamos de conhecer alguém estão relacionados à compatibilidade a longo prazo e oferecem um indicador muito mais confiável que qualquer informação derivada de um questionário.

Eli Finkel, professor de psicologia social da Universidade Northwestern tem pesquisado muito sobre a assim denominada "sincronia inconsciente" [*non-conscious synchrony*] que acontece entre duas pessoas. Finkel acredita que grande parte da tecnologia para integrar as mensurações disso aos serviços *on-line* de relacionamento já existe – ou está bem perto de surgir.

Imaginem se, numa noitada virtual, pudéssemos ter uma série de encontros rápidos em algum programa como o Skype ou o FaceTime. Tecnologia semelhante à do aplicativo Siri conseguiria rastrear nossos padrões de linguagem, e um *software* de reconhecimento de imagem registraria nossa linguagem corporal. Ao final da noite, seria possível fornecer estatísticas realistas e pertinentes de nossa compatibilidade com as pessoas com quem conversamos, e um embasamento muito melhor para determinar quem será digno de nossa presença em carne e osso.

E a matemática, sendo a linguagem da ciência, vai desempenhar papel crucial em cada um desses avanços.

É uma perspectiva empolgante, mas acho mais provável que essas ideias aprimorem, em vez de substituir, os atuais algoritmos de compatibilidade. Sempre haverá procura por uma gama ampla de maneiras de procurar namoro, desde os algoritmos, que são detalhados e personalizados mas demandam tempo, até os serviços como o Tinder e o Grindr, que exigem pouco esforço. Nenhum *site*, jamais, será capaz de sempre garantir pares perfeitos, mas é possível achar alguém certo para nós se estivermos dispostos a nos dar ao trabalho.

Bem na foto

Outro problema com a busca da compatibilidade mediante questionários é a desconfiança, largamente difundida, de que tudo acaba se resumindo na foto. E, de fato, aplicativos de relacionamento como o Tinder e o Grindr já dispensaram por completo a detalhada seção "Sobre mim", limitando-se a deixar que vejamos as imagens de solteiros em nossa região e baseemos as escolhas apenas na aparência física. Entretanto, a maioria dos que não se encaixam em noções impostas de beleza talvez fiquem satisfeitos ao saber que o mundo digital não é tão reprovador quanto poderíamos pensar.

Pelos últimos dez anos mais ou menos, Christian Rudder, bacharel em matemática e cofundador do OkCupid, vem coletando dados sobre os usuários para estudar a maneira como as pessoas se comportam em *sites* de encontros. Rudder publicou alguns achados fascinantes em questões que vão desde entender como falamos de nós mesmos quando buscamos o amor até como interagimos com os outros nos primeiros estágios da conexão romântica. Rudder também apresentou alguns dados surpreendentes sobre a importância da atratividade.

Entre esses achados, o meu preferido é que a boa aparência não determina a nossa popularidade num *site* de encontros – na verdade, o fato de algumas pessoas nos acharem feios pode funcionar a nosso favor.

Numa das seções voluntárias do OkCupid, é possível dar nota de 1 a 5 para mensurar quanto as pessoas são atraentes. A fim de testar quanto os atrativos se vinculam à popularidade, a equipe do OkCupid pegou uma amostra aleatória de 5.000 usuárias e comparou a pontuação média que receberam de outros usuários no quesito atratividade com o número de mensagens que receberam em um mês.

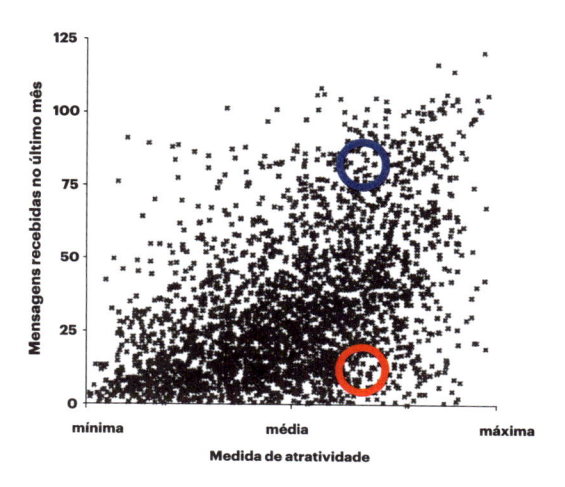

Os resultados são mostrados no gráfico. Cada cruz preta corresponde a uma usuária; as mulheres mais populares estão no alto e as mais atraentes, do lado direito. À primeira vista, o gráfico pode parecer um pouco bagunçado, com cruzes para todo lado. Mas esse efeito de espalhamento revela algo muito interessante: não são apenas as mais bem-apessoadas que recebem um monte de mensagens.

No entanto, se uma pontuação elevada no quesito atratividade não basta para tornar alguém popular, então o que terá esse efeito? E por que a diferença entre as solteiras desejáveis no alto do gráfico (círculo azul) e as impopulares na base (círculo vermelho), já que são consideradas igualmente atraentes?

A resposta, descoberta pela equipe do OkCupid, está em como as pessoas veem os nossos atrativos e será mais bem explicada com um exemplo. Imagine que tenhamos de dar nota a duas particularmente adoráveis personagens femininas de desenho animado: uma é Wilma Flintstone; a outra, Leela, de *Futurama*.

Creio que todos podemos concordar que Wilma é uma mulher extremamente bonita – afinal, ninguém poderia achá-la feia, ainda que seja justo dizer que ela tampouco é Jessica Rabbit.

Vamos compará-la ao que poderiam pensar de alguém como Leela. Algumas pessoas, entre as quais me incluo, acham que Leela é muito sexy. Outras, porém, talvez fiquem um pouco incomodadas com aquele lance de ela ter um olho só.

Eu chuto que, em média, ambas tirariam a mesma nota na escala de 1 a 5, mas que a maneira como os personagens de desenho animado solteiros que buscam o amor dariam nota às duas seria bem diferente. As notas de Wilma se concentrariam em torno de 4, mas poderíamos esperar notas de 1 a 5 para Leela.

Curiosamente, esse espalhamento é o que conta. As pessoas que dividem opiniões, como Leela, acabam sendo muito mais concorridas nos *sites* de encontros que as pessoas como Wilma, que todos acham "bem bonitinhas".

Esse efeito realmente vem à tona nos dados dos verdadeiros usuários do OkCupid, de ambos os sexos, quando os submetemos a um pouco de magia estatística. Empregando uma técnica conhecida como análise de regressão, a equipe do OkCupid usou os dados para desenvolver uma equação para o número de mensagens que cada um dos usuários pode esperar, baseada em como as pessoas pontuam sua atratividade:

$$\textit{Mensagens} = 0{,}4a_1 - 0{,}5a_2 - 0{,}1a_4 + 0{,}9a_5 + k$$

No caso, a_1 é o número de pessoas que lhes deu 1 dos 5 pontos possíveis em atratividade; a_2 é o número de pessoas que deu nota 2; e assim por diante. O valor final, k, indica quanto o usuário é ativo no *site*. Os números na frente de cada uma das partes (ou "termos", se quisermos usar a nomenclatura correta) da equação decorrem diretamente dos dados e mostram quanto as notas afetam a quantidade de mensagens que a pessoa pode esperar receber.

O número +0,9 que precede o termo a_5 significa que, para cada cem usuários que a classificaram como uma gatíssima 5, ela pode esperar noventa mensagens extras por mês. Pois é, sorte a dela.

Faz sentido pensar que ganhar notas 5 em atratividade corresponde a receber mais mensagens. Mas, surpreendentemente, o número +0,4 que precede o termo a_1 significa que cada usuário do OkCupid também recebe quarenta mensagens a mais para cada cem pessoas que lhe der nota 1. É, vocês leram direito. O fato de nos acharem feiosos significa que podemos receber mais mensagens.

Em contrapartida, o −0,1 antes do termo a_4 significa que o usuário recebe dez mensagens *a menos* para cada cem pessoas que lhe derem nota 4 em atratividade. Receber nota 4 na verdade acaba pesando contra.

Resumindo: se algumas pessoas nos achem lindos, nós estaremos muito melhor quando algumas outras nos acharem feios do que quando todos nos acharem apenas bonitinhos. Gente que é incrivelmente bonita e tira nota 5 direto vai sempre se dar bem, é claro, mas o resto de nós fica melhor quando divide opiniões do que quando queremos parecer bonitinhos.

Parece um resultado bastante paradoxal, mas o que talvez esteja acontecendo aqui é que os usuários que mandam as mensagens estão pensando também em suas próprias chances: se acham que somos lindos, mas desconfiam que outros podem não estar interessados, há menos concorrência e, portanto, um incentivo extra para entrar em contato. Porém, se pensam que somos lindos e têm certeza de que todo mundo também pensa assim, talvez imaginem que estejamos recebendo montes de mensagens e resolvam que não vale a pena se humilharem mandando mensagens.

E é aí que está a parte realmente interessante, porque a maioria das pessoas, quando escolhe uma foto para o perfil de *site* e aplicativos de encontros, tende a esconder as características que não as deixam atraentes. Entre os exemplos clássicos estão as pessoas com sobrepeso que postam uma foto só do rosto, ou os carecas que mostram fotos em que estão de chapéu. Só que isso é exatamente o oposto do que deveríamos fazer. Ao escolhermos uma foto para o perfil *on-line*, devemos realçar o que nos torna diferentes – inclusive o que pode não agradar a alguns.

As pessoas que se interessam por nós vão continuar assim. E as pessoas sem importância que não se interessam por nós vão agir apenas em nosso benefício.

Assim, orgulhem-se daquela falha no couro cabeludo, exibam essa tatuagem imprudente, ponham a barriga para fora. Isso porque, para nos sobressairmos *on-line*, quem diria, precisamos apenas ser nós mesmos.

5 O jogo dos namoros

Agora que passamos pelo capítulo 4, vamos supor que sejamos um tremendo sucesso no mundo dos encontros virtuais, com uma das melhores fotos de perfil que estão por aí. Mas como transformar nosso sucesso *on-line* em triunfo *off-line*? Existem regras matemáticas que nos ajudem a conseguir o que esperamos dos encontros? É claro que sim.

Mas, por ora, vamos deixar de lado qualquer ideal de embarcar numa relação baseada em compaixão e respeito mútuo. Isso porque – compreensivelmente – algumas pessoas têm uma ideia muito clara do que querem de um encontro romântico e não temem ir à luta para conseguir. Está aí a motivação de grandes sucessos editoriais como *The Game* [O jogo] e *Rules of the Game* [As regras do jogo], que abriram caminho para que homens e mulheres se tratem como objeto de conquista militar. E ambos os livros se baseiam numa única ideia: como explorar estereótipos para tentar maximizar a gratificação pessoal.

Conforme já vimos, a matemática da teoria dos jogos pode ser usada para vencer outros pretendentes. E se desejamos transformar o jogo dos encontros em guerra dos encontros, a teoria dos jogos também tem as condições ideais para prover a melhor estratégia numa disputa romântica entre dois oponentes.

Um alerta: a teoria dos jogos nos estimula a tirar vantagem das fraquezas de nossos oponentes. Quando aplicada a encontros, propicia uma visão ligeiramente cínica do mundo. Por conseguinte, a primeira metade deste capítulo vai mostrar alguns dos melhores princípios da teoria dos jogos, não os melhores princípios da moralidade humana. E, porque esses princípios matemáticos dependem de explorar as supostas diferenças entre homens e mulheres, não chegam a funcionar para qualquer casal não tradicional ou que não seja heterossexual. Peço desculpas se esse for o caso; mas já vou dizendo que, no fim das contas, vocês não vão se sentir excluídos.

Para que o peso na consciência não me impeça de dormir à noite, no fim do capítulo incluí um exemplo muito mais sensato e muito mais realista de como lidar com os mistérios dos encontros em geral, não importando o tipo de relação em que se esteja. Mas, primeiro, deixem-me começar com um exemplo de como a teoria dos jogos pode ser usada por homens que só têm uma coisa na cabeça.

Como conseguir o que se quer das mulheres

Senhores: o desafio, caso resolvam aceitá-lo, é tentar convencer as mulheres a fazerem sexo com vocês. Para ajudá-los nesse propósito, dois matemáticos, Peter Sozou e Robert Seymour, conceberam uma estratégia que talvez queiram experimentar. Sozou e Seymour pressupõem que vocês têm uma série de mimos à disposição – presentes que podem oferecer para adoçar as coisas. Pensem em anéis de diamante ou ingressos para uma peça de teatro. A tarefa é decidir quais mimos dar para aumentar a probabilidade de conseguir o que querem, sem, entretanto, atrair interesseiras perigosas.

Nesse meio-tempo, a teoria dos jogos lhes deu uma oponente: a mulher, que vai decidir se aceita ou não o presente. A tarefa dela é tentar fisgar o melhor homem possível, usando o sexo como ferramenta de negociação e os presentes como recompensa. Com base no valor dos mimos, a mulher tentará adivinhar as intenções do homem. Se concluir que ele provavelmente não vai dar no pé depois, ou que já demonstrou suficientemente ser rico ou atraente, ela pode muito bem vir a dormir com ele.

Mais uma vez, devo acrescentar que não chego a concordar com tal visão do mundo (ainda que me apavore um pouquinho a possibilidade de ela ser verdadeira). Essas suposições, contudo, proporcionam mesmo um problema matemático maravilhosamente ordenado. A dedução completa da melhor estratégia masculina[1] vai fundo na teoria dos jogos em algumas etapas, com um grau de dificuldade matemática que não é para os fracos; o resultado, porém, é um belo exemplo da teoria em ação. E a melhor estratégia para

---

1. Sozou & Seymour, "Costly but Worthless Gifts Facilitate Courtship" [Presentes caros mas sem importância facilitam a corte], 2005.

seduzir as damas, ao mesmo tempo em que se evitam as interesseiras, tem sentido até intuitivamente.

Para impressionar a garota, o homem deve se comportar de modo ostentoso e extravagante, fazendo compras dispendiosas para ele, mas que, ao fim e ao cabo, não têm valor *objetivo* para ela. Por isso, senhores, fica a dica: se querem mesmo mostrar que são abonados, encomendem um baita show de fogos de artifício ou cheguem à casa dela dirigindo um Ferrari. Se desejarem mostrar que são generosos, deixem uma gorjeta bem gorda no restaurante. Em hipótese alguma, porém, comprem joias ou a levem para ver um concerto da banda que ela mais gosta. A mulher precisa ver que, se a exibição toda é cara, é porque vocês estão levando a coisa a sério. Só não pode ser um mimo que tenha valor pessoal direto para ela; senão, é possível que a mulher os enrole sem jamais ter a intenção de fazer sexo com vocês – o clássico comportamento das interesseiras.

A teoria também funciona para explicar por que vale a pena a extravagante ostentação de riqueza para as empresas – como os saguões de mármore dos bancos na Wall Street ou os opulentos arranha-céus dos cassinos de Las Vegas. Quanto mais ostensivo for o desperdício de dinheiro, mais poderosa aos olhos dos consumidores e concorrentes a empresa será. Segundo a teoria, isso é mais interessante para a empresa do que gastar o dinheiro comprando pequenos presentes para seus inúmeros clientes – algo que lhe acarretaria o risco de ser explorada por pessoas que pegariam os mimos e dariam no pé sem jamais terem realmente intenção de fazer negócio.

Falando como grande fã de diamantes e do White Stripes (fica a dica), gostaria de assinalar que não chego a acreditar nessa teoria quando é aplicada a encontros. Acho que ela não consegue captar a importância que está no cerne de cortejar. Às vezes, fazemos a corte não apenas para obter alguma vantagem; às vezes, é pura e simplesmente agradável dar coisas boas às pessoas de quem gostamos. Sabem como é, por causa da "satisfação", da "gentileza" etc.

Agora para as garotas. Sei que todas estão se achando excluídas com esse exemplo tão focado no que os homens deveriam fazer. Mas não temam: há um monte de aplicações ligeiramente condescendentes da teoria dos jogos para ajudá-las também a agarrar seus prêmios. Afinal, se os homens querem saber apenas de sexo, é claro que nós, mulheres, estamos *sempre* tentando enganá-los para que se casem conosco, não é?

Como conseguir o que se quer dos homens

No antiquíssimo jogo da sedução, presume-se que os homens sejam os caçadores, e as mulheres, a caça. Agora que cheguei à casa dos trinta, porém, parece haver uma disparidade entre o número de solteiras belas e inteligentes ainda no mercado e o de solteirões bonitos e desejáveis. Não fui a única a perceber isso, e agora os brados de "Onde estão todos os bons partidos?!" são ouvidos com frequência seja em Nova York, seja em

Londres, seja em Xangai. No entanto, matematicamente, essa disparidade não tem sentido: não deveria haver o mesmo número de solteiros e solteiras?

No que ficou conhecido como "paradoxo do solteiro desejável" [*eligible bachelor paradox*], o jornalista americano Mark Gimein ofereceu uma resposta a essa pergunta usando a teoria dos jogos, com a série de premissas que veremos agora.

No decorrer da vida, os homens saem com uma gama variável de mulheres. Algumas delas, por causa da aparência, da inteligência ou da condição social, são "fortes" candidatas à união estável; já outras são menos. Ao escolherem a mulher para casar, os homens se baseiam não só em quanto gostam dela, mas também em quanto ela oferece pela afeição deles.

Quando colocado nesses termos, o jogo dos encontros equivale matematicamente ao que acontece nos leilões em que os licitantes apresentam propostas seladas e nenhum deles conhece as propostas dos concorrentes. A teoria começa por dois licitantes que competem pelo mesmo lote. Um dos licitantes é concorrente forte, com muito dinheiro à disposição; o outro licitante é fraco, com orçamento bem limitado.

No caso dos solteiros, o homem é o lote a ser leiloado. A licitante forte é a mulher inteligente, glamorosa, com a carteira recheada de encantos. A licitante fraca é menos atraente (por qualquer parâmetro), e sua carteira de encantos é mais limitada. Ambas querem o mesmo homem, sem saber quanto a outra está investindo.

Poderíamos pensar que a licitante forte tem mais chance de conquistar o homem, mas, nos leilões da vida real, muitas vezes é o licitante em posição mais frágil que leva o prêmio – fenômeno que tem sido muito estudado na bibliografia da teoria dos jogos.

Assim como no exemplo anterior (a estratégia de Peter Sozou e Robert Seymour), a teoria matemática desse tipo de leilão fica bem complicada aqui e ali,[2] mas explica em certa medida por que há tantas mulheres fantásticas com mais de 30 anos competindo por um suprimento aparentemente minúsculo de solteiros desejáveis.

Quando uma licitante fraca depara com um homem de quem gosta, provavelmente vai fazer de tudo para competir pela atenção dele. Já a licitante forte, confiando no fato de que será um bom par para qualquer homem, está menos propensa a chegar ao vale-tudo, porque sabe que outro homem ainda melhor pode estar à sua espera logo adiante.

Vendo desinteresse por parte da mulher mais atraente, o homem vai então juntar os trapinhos com aquela que lhe dá mais atenção, que, assim, o tira do suprimento de namoráveis.

No começo, isso não representa problema nenhum para a mais atraente. Porém, à medida que o leilão (ou seja, a vida) continua e os lotes vão sendo arrematados pelas licitantes mais fracas, vai surgindo uma situação em que restam só uns poucos homens aceitáveis e um número

---

2. Güth, Ivanova-Stenzel & Wolfstetter, "Bidding Behavior in Asymmetric Auctions: An Experimental Study" [Comportamento de licitação em leilões assimétricos: um estudo experimental], 2005.

muito maior de mulheres lindas e inteligentes querendo todas pescar na mesma lagoa, que está cada vez menor.

O resultado é o paradoxo do solteiro desejável, e ele vem com um alerta claro, ainda que um pouquinho severo: não importa quanto vocês são gatas, não fiquem acomodadas se o objetivo é conseguir um companheiro.

No entanto, antes que nos resignemos a morrer sozinhas e corramos a comprar felinos para encher a casa toda, vale a pena dar uma paradinha e examinar objetivamente esses exemplos. Por mais que matematicamente eles sejam uma aplicação bacana da teoria dos jogos, partem de uma premissa falsa fundamental: a de que os homens estão tentando enganar as mulheres para que façam sexo com eles e de que as mulheres estão desesperadas por compromisso.

Mas, na realidade, ambos os sexos querem as duas coisas, não? Por mais maluco que isso possa parecer, desconfio até que algumas mulheres desejem sexo e que alguns homens queiram compromisso. E, assim, desmorona esse castelo de cartas da teoria dos jogos.

Afortunadamente, há maneiras de empregar a teoria dos jogos que não exigem que homens e mulheres se ajustem a estereótipos; e, em especial, há uma formulação que se aplica a muitos dos problemas de namoro mais difíceis e mais comuns de cada tipo de relacionamento. Trataremos disso daqui a pouco, mas, antes, deixem-me descrever a teoria de fundo com um exemplo simples: duas pessoas que vão decidir se traem ou não seu parceiro numa relação amorosa.

O jogo da fidelidade

Podemos configurar isso como um jogo entre duas pessoas num relacionamento imaginário: Don (em azul) e Betty (em vermelho). Don e Betty não são pessoas éticas; não se preocupariam com a traição só porque ela é "errada". Querem, isso sim, apenas obter o máximo de pontos, ou "ganhos", com seu relacionamento. Tais prêmios, determinados para cada companheiro pelas diferentes estratégias que eles resolvem seguir, podem ser exibidos numa tabela como a que se vê aqui – que em matemática se denomina "matriz de ganhos".

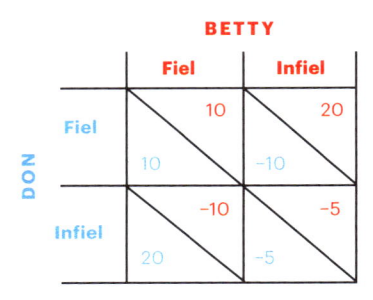

O melhor desfecho para todo mundo é quando Don e Betty conseguem manter um relacionamento fiel. Nessa situação (que é um ótimo de Pareto), ambas as partes vão obter algo de positivo com o relacionamento. Para fins ilustrativos, imaginemos que ambos obtêm 10 pontos cada um nesse contexto. Lembrem-se, tanto Don quanto Betty desejam, no final, obter o máximo de pontos possível com o relacionamento.

Porém nesse jogo, assim como na realidade, há sempre alguma tentação para trair o par. Se Don resolver pular a cerca, talvez ele seja capaz de preservar o relacionamento com Betty e, ao mesmo tempo, manter o caso, aumentando assim seus ganhos para 20. Betty, por outro lado, sofre com a traição de Don, e seus ganhos caem para –10 pontos.

No entanto, as regras e as circunstâncias do jogo são as mesmas para Betty; há os mesmos incentivos para que ela também traia. Mas reparem no que acontece se ambos resolverem cair em tentação e trair. Nessa situação, todo mundo perde. Os dois acabam tendo –5 pontos, e o relacionamento se desfaz, deixando ambas as partes muito pior do que se um e outro tivessem sido fiéis.

Os números aqui são arbitrários, mas a ordem dos ganhos é importante. Ser o único infiel resulta em pontuação mais alta, mas é muito ruim quando se é o único traído, e é ruim para todo mundo quando ambos traem. Usar esse contexto faz que o jogo da fidelidade seja o equivalente de um dos problemas mais famosos e mais estudados da teoria dos jogos: o dilema do prisioneiro.

No dilema do prisioneiro, dois suspeitos são interrogados separadamente a respeito do mesmo crime. Os suspeitos têm duas escolhas: ou cooperam entre si para não dizerem nada e assim dividirem uma sentença mais leve, ou traem o combinado e deduram o amigo. Na segunda hipótese, os dois são liberados se apenas um abrir o bico, mas ambos pegam uma sentença mais pesada se dedurarem um ao outro. A estrutura de recompensas é idêntica à do jogo da fidelidade: apenas um delatar enquanto o outro fica calado

é melhor que ambos ficarem calados, o que por sua vez é
melhor que ambos delatarem. O pior desfecho de todos é
ficar calado enquanto o parceiro o delata.

Esse contexto proporciona uma visão bem deprimente
dos relacionamentos. A cooperação parece difícil de
obter e de manter. Por isso, se a teoria estiver correta,
como é possível que alguém tenha um relacionamento
fiel e bem-sucedido numa situação tão instável?

A explicação é que os relacionamentos não são
baseados em decisões que se tomam uma única vez.
Aquela matriz de ganhos não se aplica ao relacionamento
como um todo. Antes, é como se ambas as partes
estivessem disputando esse jogo uma com a outra todos
os dias, escolhendo regularmente entre trair ou ser fiel.
E essa diferença é crucial. Disputar repetidamente o
mesmo jogo com a mesma pessoa tem enorme efeito
na maneira como os incentivos aparecem. De súbito,
passamos a tentar possuir a maior pontuação ao fim
dos campeonatos, e não a cada partida. A longo prazo,
ganhamos mais se nos mantivermos fiéis.

O que fazer quando ele não telefona

Se traímos repetidamente alguém, essa pessoa não vai
mais confiar em nós. Se ela acredita que sempre vamos
ser infiéis, a única coisa que lhe resta fazer é reagir
traindo também, o que deixa ambas as partes em uma
situação pior, ou sozinhas.

No entanto, se conseguirmos cooperar e encontrar uma
situação em que podemos confiar um no outro, ambas as

partes serão recompensadas a cada etapa do processo. Haverá pouco incentivo para sermos infiéis e irmos atrás dos ganhos de curto prazo, quando perderemos tanto a longo prazo.

Essas ideias foram apresentadas pela primeira vez no inovador livro *A evolução da cooperação*, que o cientista político americano Robert Axelrod publicou em 1984 sobre a teoria dos jogos. No livro, Axelrod explica como e por que a cooperação consegue ocorrer em sociedades humanas e animais, embora as coisas na matriz de ganhos de Don e Betty possam parecer inclementes à primeira vista. Axelrod também fornece uma estratégia para usarmos sempre que disputarmos repetidamente esse tipo de jogo com a mesma pessoa.

Porém, a estratégia de Axelrod não se aplica apenas à infidelidade. Pode ser empregada para nos fornecer um conjunto de regras aplicáveis a uma ampla gama de dilemas relativos a encontros e namoros. A pessoa com quem saímos não telefonou embora tenha dito que o faria? O namorado esqueceu nosso aniversário? Devemos ficar quietos e deixar as coisas seguirem seu curso – ou subir pelas paredes a qualquer sinal de mau comportamento? A estratégia de Axelrod de "pagar na mesma moeda" nos dá a resposta.[3]

Apesar do nome, pagar na mesma moeda não se refere a brigas pueris. É uma estratégia que estimula a cooperação

---

3. Embora a estratégia de Axelrod de pagar na mesma moeda talvez não se mostre ótima solução em todos os contextos, mostrou-se extremamente bem-sucedida em vários torneios computacionais de estratégias para o dilema do prisioneiro. E, sendo boa e simples, ela se sai particularmente bem a longo prazo – tornando-se ideal para se aplicar a namoros.

mas pune a exploração. A versão matemática implica primeiro cooperar e depois simplesmente copiar a jogada anterior dos oponentes. Se eles se mantêm cooperativos, nós também. Se eles trapaceiam e nos deixam na mão, nós também. Se eles voltam a jogar limpo, nós também.

Quando se transplanta a estratégia do manual teórico para o mundo de encontros e namoros, as regras a serem seguidas podem se reduzir a quatro passos simples:

1. *Sejamos claros*. Não brinquemos no jogo. Em encontros e namoros, ser manipulador ou astucioso não dá certo a longo prazo. Uma estratégia franca e direta proporciona a melhor oportunidade de sucesso.

2. *Sejamos legais*. Devemos ser cooperativos desde o início e continuar assim a menos que nos deem motivo para agir de outro modo.

3. *Sejamos melindrosos*. Não nos deixemos explorar por quem se porta mal. Se alguém nos trata mal, devemos retaliar proporcionalmente, mas sem exageros. Tão logo tenhamos reagido à má ação, será preciso que...

4. *Sejamos clementes*. Vamos lidar logo com o mau comportamento e voltar a ser cooperativos. Não temos nada a ganhar punindo alguém continuamente por um único erro. Se formos longe demais na reação, só incentivaremos outra má ação de nosso par e entraremos numa espiral

descendente de negatividade da qual será difícil nos recuperarmos. Vamos seguir adiante e voltar a disputar o jogo juntos, como uma equipe, tão logo seja possível.

Resumindo: não sejamos cretinos.

Então, tudo isso não parece sensato? Hein, Don? Hein, Betty? No mínimo, são conselhos muito mais legais de seguir que as recomendações nada atraentes e, reconheçamos, bem machistas de livros como *The Game*, e poderiam ter impacto verdadeiramente positivo em nossos relacionamentos.

Em vez de tratarmos o objeto de nossas afeições como... bem, uma mercadoria, poderíamos seguir essas regras matemáticas simples e agir como seres humanos dotados de sensibilidade. É por isso que todos os matemáticos são famosos por serem excelentes amantes (e dançar divinamente). Quem poderia imaginar que a matemática nos proporcionaria um modo de vida tão encantador e tão ético?

6 A matemática do sexo

Depois que conhecemos alguém de quem gostamos e o cativamos com nossa personalidade encantadora e aparência tão vistosa, as coisas vão, inevitavelmente, levar à cama.

Este capítulo não vai nos fazer transar melhor. Achei que deveria ser bem clara sobre isso, para o caso de acharem que nós, matemáticos, temos na cartola todas as equações para sermos amantes sensacionais. Mas, se vocês permitirem que eu faça um breve desvio para uma perspectiva mais distanciada, gostaria de compartilhar alguns esclarecimentos que os matemáticos podem oferecer sobre hábitos sexuais. Esclarecimentos que vão muito além de meras estatísticas básicas.

Muitas coisas podem acontecer quando duas pessoas fazem sexo pela primeira vez: o início de uma vida; o começo de uma infecção; o intenso constrangimento mútuo; e até, às vezes, prazer. No entanto, uma coisa sempre ocorre quando duas pessoas transam: elas estabelecem um elo numa rede imaginária.

Essas conexões não podem ser desfeitas, por mais que desejemos quando ficamos sóbrios. Elas também são recíprocas (mesmo que os orgasmos não sejam): ambas as pessoas ampliarão o número de parceiros sexuais sempre que ocorre uma dessas conexões. E esses elos claros e bem definidos tornam a rede de contatos sexuais um objeto de estudo particularmente interessante para cientistas e matemáticos.

Embora não consigamos ver nem mapear a rede de conexões para a qual todos contribuímos inadvertidamente ao fazer sexo com alguém, podemos usar a matemática para entender as importantes propriedades dessa rede. A matemática pode lançar luz sobre as diferenças entre homens e mulheres, dar-nos esclarecimentos sobre os padrões do comportamento sexual humano e até, como revelaremos mais adiante neste capítulo, proporcionar uma tática para ajudar a interromper a propagação de doenças sexualmente transmissíveis (DSTs).

Nossa história começa com um levantamento que alguns cientistas suecos fizeram em 1996. Mediante entrevistas e questionários, eles recolheram informações sobre o histórico sexual de 2.810 suecos de norte a sul do país, escolhidos ao acaso. Entre as informações, incluía-se esta, crucial: o número de pessoas com quem cada pesquisado já havia ido para a cama. Como veremos, a enorme quantidade de respostas proporcionaria a primeira oportunidade para que outros cientistas e matemáticos estudassem a rede de contatos sexuais, mas o estudo original sueco também chegou a outros achados interessantes.

Números mágicos

De modo muito semelhante ao que tinha acontecido em vários levantamentos anteriores, os cientistas suecos descobriram que, na realidade, o número médio de parceiros sexuais era relativamente baixo: cerca de sete para as mulheres heterossexuais e cerca de treze para os homens heterossexuais.

Porém, antes que comecemos a reforçar teorias antiquadas sobre homens promíscuos e mulheres castas, algumas pessoas mais atentas aos detalhes talvez lancem dúvidas sobre essa discrepância. E estarão certas em fazê-lo. Dado o fato de que o número de homens heterossexuais no mundo é mais ou menos o mesmo que o de mulheres heterossexuais, e que o sexo tem de ocorrer entre no mínimo duas pessoas, o número médio de parceiros tanto para os homens quanto para as mulheres deveria ser o mesmo. Ainda assim, a diferença entre a média masculina e a feminina surge repetidas vezes em levantamentos do tipo.

Há algumas explicações possíveis para essa diferença. Talvez os homens sejam mais suscetíveis a exagerar (ou "mentir", como se diz na linguagem técnica da área). Talvez homens e mulheres tenham definições diferentes do que precisa acontecer para que acrescentem parceiros ao seu total pessoal.

Um argumento ligeiramente mais convincente gira em torno do fato de que algumas mulheres com um número incomumente alto de parceiros sexuais estariam sub-representadas no estudo. Imaginem, por exemplo, se a próxima mulher que eles entrevistassem, além das incluídas na pesquisa, tivesse dormido com 3.000 pessoas. Só esse dado extra seria suficiente para aumentar o número médio de parceiros de todas as mulheres de aproximadamente sete para oito, o que mais uma vez ressaltaria o grande problema de chegarmos a médias pela aritmética.

Mais significativo, contudo, parece ser o fato de que homens e mulheres chegam a seus respectivos números de maneira diferente. As mulheres tendem a contar dos mais antigos para os mais recentes, listando os parceiros pelo nome: "Bem, houve o Harry, depois o Zayn, depois o Liam..." Isso de fato tende a gerar resultados bastante exatos, mas, caso esqueçam algum nome enquanto contam, elas ficam propensas a subestimar o número real de parceiros. Já os homens tendem muito mais a fazer estimativas aproximadas: "Digamos... cinco por ano nos últimos quatro anos". De novo, um método aceitável – mas cria o risco de superestimarem. Essa possibilidade se reforça quando notamos que um número surpreendente de respostas masculinas é divisível por cinco.

Para além de examinar médias, no entanto, o estudo sueco também forneceu dados para um achado revolucionário.

Uma fórmula que nos une

Em 1999, o sociólogo sueco Fredrik Liljeros e uma equipe de matemáticos lançaram num gráfico todas as respostas daquele levantamento e descobriram um padrão subjacente assombrosamente simples. A lista de 2.810 respostas resultava numa curva quase perfeita como esta a seguir, mostrando um padrão claro no número de parceiros declarado por cada participante.

A maioria dos entrevistados tinha tido relativamente poucos parceiros sexuais – e é por isso que o lado esquerdo da curva é tão elevado. Mas algumas pessoas declararam um número extraordinário de conquistas, motivo pelo qual o lado direito da linha no gráfico nunca chega exatamente a zero. Se o levantamento sueco é representativo da população humana em geral, a curva indica que sempre haverá alguma chance de achar alguém com qualquer número de parceiros sexuais, não importa quão grande seja esse número. O.k., não haverá muita gente no mundo com 10.000 ou mesmo 1.000 parceiros, mas o padrão prediz que sempre haverá alguém.

Tudo isso pode ser condensado numa fórmula que nos permite predizer com quantas pessoas todos nós iremos para a cama: se escolhermos ao acaso uma pessoa no mundo, a probabilidade de que ela tenha tido mais de x parceiros sexuais é simplesmente $x^{-\alpha}$.

O valor de α vem diretamente dos dados da pesquisa. Um exemplo: constatou-se que as suecas tinham um valor de $\alpha = 2,1$. Se esse número fosse representativo de todos nós, a probabilidade de achar alguém no mundo com mais de cem parceiros seria 0,006%, indicando que apenas pouco mais de 1 em 15.800 de nós teria realizado a façanha. A probabilidade cairá quanto maior for o número de parceiros, e a de achar alguém com mais de 1.000 parceiros será então 0,00005%, ou 1 pessoa em cada 2 milhões.

Antes que eu morra de tão empolgada ante essa precisão simples e nítida da matemática, acho que vale a pena pararmos um segundinho para nos darmos conta de quanto esse achado é extraordinário. A despeito de todo o nosso livre-arbítrio e de todo o conjunto aparentemente complicado de circunstâncias que leva a nossos encontros sexuais, há uma fórmula de assombrosa simplicidade que, quando consideramos a população humana como um todo, está subjacente a tudo o que estamos fazendo.

Essa fórmula indica que o número de parceiros sexuais que todos temos não é de todo aleatório. E que esse número não acompanha a distribuição em curva normal costumeiramente relacionada a dados humanos, como a altura corpórea ou o Q.I. Em vez disso, a fórmula indica que o número de parceiros acompanha o que se conhece como distribuição de probabilidade de lei de potência.

Quando se trata de altura corpórea, quase todos nos enquadramos num intervalo pequeno: a maioria das pessoas adultas tem entre 1,52 e 1,96 metro. Há alguns indivíduos incomuns, é claro, mas costuma haver pouca diferença entre as pessoas mais altas e as mais baixas numa população típica. Por outro lado, a distribuição

de lei de potência permite um intervalo amostral muito, mas muito maior. Se o número de parceiros sexuais seguisse as mesmas regras que a altura, achar alguém com mais de 1.000 parceiros seria como vir a conhecer alguém mais alto que a Torre Eiffel.

Na última década, em parte inspirados e pelo estudo sueco, cientistas e matemáticos começaram a buscar distribuições de lei de potência numa série de campos pouco comuns. O padrão de distribuição dos contatos sexuais é revelado também na maneira como os *sites* se ligam na internet; na maneira como estabelecemos conexões no Twitter e no Facebook; na maneira como as palavras se dispõem ao lado umas das outras numa frase; até mesmo na maneira como diferentes ingredientes são usados em receitas. A simples equação $x^{-\alpha}$ une tudo isso.

O motivo fica claro quando voltamos à ideia dos elos numa rede. São essas conexões que causam a distribuição. As distribuições de lei de potência são criadas por elos em redes que têm formato muito específico, que os matemáticos denominam "livres de escala".[1]

O esquema a seguir exemplifica o aspecto que essas redes livres de escala têm. A maioria das pessoas tem mais ou menos o mesmo número de conexões, mas há alguns indivíduos – como o círculo mais escuro no meio – que têm um número enorme de elos. Esses indivíduos

---

1. Essas redes são chamadas livres de escala porque – diferentemente das distribuições normais ou das distribuições de Poisson – a lei de potência subjacente não tem parâmetro típico (por exemplo, o desvio médio ou o desvio padrão) que defina a escala da rede.

são conhecidos como "nodos principais", ou *hubs*, da rede e são o segredo das semelhanças entre todas as distribuições de lei de potência aparentemente não relacionadas. A cantora Katy Perry, com 57 milhões de seguidores (em setembro de 2014), é o maior *hub* da rede Twitter; a Wikipedia é um *hub* da rede mundial de computadores; e a cebola é um *hub* da rede de ingredientes de receita. Em todos esses cenários, os *hubs* são criados por causa de uma regra do tipo "rico cada vez fica mais rico". Quanto mais seguidores Katy Perry tiver, é mais provável que mais pessoas passem a segui-la.

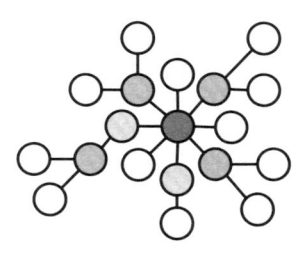

E, se consideramos os *hubs* de uma rede de contatos sexuais, quanto mais bem-sucedidos forem esses *hubs* em suas conquistas sexuais, mais provável é que tenham sucesso em convencer mais pessoas a dormirem com eles. Tais *hubs* são também o motivo de as DSTs se propagarem tão depressa e serem tão difíceis de controlar. Quando um *hub* não toma as devidas precauções, passa a ser a pessoa mais vulnerável a contrair uma doença e, também, a mais propensa a transmiti-la. Se conseguirmos visualizar a propagação de um vírus pela rede livre de escala da ilustração, conseguiremos também visualizar como os *hubs* são cruciais na maneira como as coisas se desenrolam.

Identificando os *hubs*

No entanto, embora os *hubs* sejam os agentes mais cruciais na propagação de doenças, há um truque matemático que nos possibilita fazer uso deles e da estrutura da rede quando se trata de deter a progressão de um vírus sexualmente transmissível. A teoria ficará clara se imaginarmos uma rede simplificada:

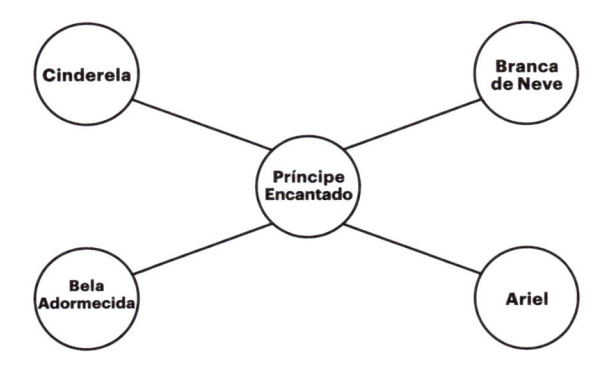

Imaginemos que quatro princesas jovens e lindas – Cinderela, Branca de Neve, Bela Adormecida e Ariel – tenham cada uma ficado íntimas do mesmo príncipe sensual e tenham assim formado uma rede de contatos sexuais. Não houve nenhum encontro sexual entre as moças nessas ocasiões, a menos que a gente inclua na conta uns *sites* para lá de suspeitos de fãs da Disney (que eu recomendo evitar, se vocês dão valor às suas memórias da infância). Agora imaginemos que algum tipo horrível de DST esteja correndo o grupo. Caso vacinar ou conscientizar todo mundo seja caro demais, talvez queiramos dar prioridade ao *hub* – a pessoa que provavelmente terá o maior impacto.

Porém, sem perguntarmos a todos com quantas pessoas cada um foi para a cama, não teríamos como visualizar os elos na rede subjacente nem ideia alguma de que o Príncipe Encantado é o nosso *hub*.

A tarefa, então, é tentar maximizar nossas chances de identificar o *hub* sem conhecer a rede subjacente.

Se escolhêssemos alguém ao acaso para vacinar nesse grupo, só acertaríamos o *hub* uma em cinco vezes.

No entanto, imaginemos que, em vez de fazer isso, escolhêssemos alguém ao acaso – por exemplo, a adorável Ariel – e lhe pedíssemos ajuda para vacinar alguém com quem tenha ido para a cama. Ariel nos levará ao Príncipe Encantado. Do mesmo modo, se escolhermos aleatoriamente Cinderela e pedirmos que nos dê o nome de alguém com quem tenha dormido, ela nos conduzirá ao Príncipe Encantado. O mesmo faria Bela Adormecida. E Branca de Neve.

Apenas adicionando esse único e simples passo ao algoritmo, nossa probabilidade de identificar o *hub* aumenta para quatro em cinco. O que é muito melhor.

E isso também é verdadeiro para redes muito maiores. Imaginemos que, sem ser capazes de visualizar nada da rede ou das estatísticas de seguidores do Twitter, estivéssemos tentando identificar Katy Perry – o maior *hub* do Twitter quando este texto estava sendo escrito.

Se escolhêssemos alguém ao acaso entre os 500 milhões de pessoas naquela rede, a probabilidade de acharmos Katy seria apenas de 1 em 500 milhões.

Porém, se escolhêssemos alguém ao acaso e lhe pedíssemos para nos dizer a pessoa mais popular que segue no Twitter, isso poderia nos levar a Katy num número sensacional de vezes: 57 milhões de vezes. De repente, as chances de acharmos Katy inflariam para cerca de 10%, o que é bastante notável quando se vê como o algoritmo é simples.

O mesmo método tem sido usado para prever e desacelerar a propagação de epidemias sem necessidade de um levantamento difícil e dispendioso da rede subjacente. Mas o método diz algo também impressionante, penso eu, sobre a simplicidade da vasta rede que conecta a todos nós – e sobre como, se armados de compreensão matemática e um algoritmo básico, somos capazes de chegar a uma perspectiva relevante a respeito de como as DSTs se propagam.

Por isso, da próxima vez que vocês levarem outra conquista para a cama, pensem na imensa rede para a qual estão contribuindo. Nós, matemáticos, não podemos ajudá-los a melhorar o desempenho sexual, mas realmente procuramos reduzir o número de DSTs que se arriscariam a pegar. O que é bem excitante, não?

7 Quando devemos sossegar?

Quando se trata de amor, tomar decisões a longo prazo é um risco. Cedo ou tarde, a maioria de nós resolve deixar para trás os tempos despreocupados de solteiro e sossegar. Acabaram-se nossas relações irresponsáveis, se é que chegamos a tê-las, e é hora de estabelecer uma parceria para a vida toda. Mas como saber quando encontramos verdadeiramente a "pessoa certa"? Qualquer indivíduo de mentalidade matemática dirá que é difícil achar o ponto certo entre ter paciência para esperar a pessoa certa e ser previdente o bastante para arrumar um par antes que seja tarde. Basta perguntar a qualquer mulher que foi atingida pelo paradoxo do solteiro desejável.

Se decidíssemos nunca sossegar, poderíamos no fim da vida fazer uma lista de todos com quem já saímos, dando-nos ao luxo de avaliar, atribuindo nota, quanto cada uma dessas pessoas teria sido um bom cônjuge para nós. Reconheço que tal lista seria inútil nessa altura, mas, se pudéssemos tê-la antes, a escolha do cônjuge seria bem mais fácil.

Esses pares potenciais estão por aí, mundo afora, esperando que os descubramos. A lista meio que existe mesmo, ainda que de modo imaginário. Mas a grande questão é como escolher a melhor pessoa para casar na lista imaginária, sem estarmos de posse das informações que ainda estão adiante de nós no tempo.

Só por um instante, vamos pressupor que as regras para encontros e namoros sejam simples: depois que resolvemos sossegar e sair do jogo dos encontros, não podemos olhar todos os possíveis pares naquela lista lá na frente; e, depois que rejeitamos alguém, tampouco podemos voltar e mudar de ideia em alguma data posterior. Pelo menos, essa tem sido a minha vivência – as pessoas parecem surpreendentemente resistentes a voltar a receber chamadas só porque, vários anos depois de terem sido rejeitadas, não apareceu ninguém melhor.

Quando namoros e encontros são encarados a partir dessa perspectiva, um campo da matemática chamado "teoria da parada ótima" pode oferecer a melhor estratégia possível na caçada à "pessoa certa". E a solução é espantosamente sensata:

Quando jovens, passemos um tempo namorando todos quanto pudermos, rejeitando como potenciais cônjuges todo mundo que conhecemos até ter uma boa noção do "mercado". Depois dessa fase, escolhamos a primeira pessoa que nos parece melhor do que as que conhecemos antes.

No entanto, a teoria da parada ótima vai além. Isso porque nossa probabilidade de sossegar e nos estabelecer com a melhor pessoa (denotada por P na equação abaixo) se vincula, por uma fórmula bastante bela em sua simplicidade e precisão, a quantos amores em potencial (n) nós rejeitamos (r):

$$P(r) = \frac{r-1}{n} \sum_{i=r}^{n} \frac{1}{i-1}$$

Essa fórmula, por mais inocente que pareça, tem o poder de nos dizer com exatidão quantas pessoas devemos rejeitar para alcançar a melhor probabilidade de achar nosso par ideal.

Ela nos diz que, se estivermos destinados a namorar 10 pessoas na vida, teremos maior probabilidade de achar a pessoa certa depois que rejeitarmos nossos 4 primeiros namorados (agindo assim, nós a encontraremos em 39,87% das vezes). Se estivermos destinados a sair com 20 pessoas, deveremos rejeitar as 8 primeiras (feito isso, o melhor cônjuge estará à espera em 38,42% das vezes). E, se estivermos destinados a sair com um número infinito de namorados, deveremos rejeitar os primeiros 37%, dando-nos pouco mais de 1 em 3 possibilidades de êxito.[1]

Sei que sou matemática e, portanto, tendenciosa em favor de meu ofício, mas o resultado seguinte me deixa mesmo maravilhada. Se preferirmos não seguir aquela estratégia e optarmos por ficar com um companheiro aleatório entre os que nos estão destinados, teremos apenas a probabilidade de $1/n$ de encontrar o verdadeiro amor – meros 5% se estivermos destinados a sair com 20 pessoas na vida. Mas, ao tão somente

---

1. À medida que n se aproximar do infinito, poderemos chegar à soma aproximada se aplicarmos uma integral em que $P(1/e) = 1/e$, sendo e o número de Euler.

rejeitarmos os primeiros 37% dos nossos namorados
e seguirmos aquela estratégia, poderemos mudar
enormemente nossa sorte para imensos 38,42%, se
estivermos destinados a ter 20 namorados em potencial.

Tudo bem, antes que eu me empolgue demais: vocês
já podem ter notado algumas falhas nesse plano quando
aplicado ao mundo de encontros e namoros. A menos que
fôssemos membros da família real inglesa no século XVI,
nossos futuros namorados, ou namorados em potencial, não
vão se enfileirar diante de nós aqui e agora, e simplesmente
não há jeito de sabermos quantas pessoas estarão
disponíveis no decorrer da vida. E, a menos que sejamos
Hugh Hefner, o fundador da *Playboy*, provavelmente não
vamos sair com um número infinito de pessoas.

Porém, ainda bem que existe a segunda versão desse
problema, muito mais adequada a simples mortais como eu
e vocês, e que ela proporciona resultado igualmente notável.
Em vez de querer saber com quantas pessoas vamos sair,
o problema avançado só exige que digamos quanto tempo
esperamos que nossa vida de encontros e namoros dure.
A matemática dessa segunda versão é muito mais difícil,[2]
embora a mesma regra simples de antes ressurja aqui. Só
que, desta vez, os 37% se aplicam ao tempo, não às pessoas.

Digamos que começamos a namorar aos 15 anos e
achamos que o ideal seja nos casarmos por volta dos 40.
Nos primeiros 37% desses 25 anos de encontros e namoros

---

2. Eu gostaria de explicá-la direito, mas ela fica mesmo bem complicada.
E, convenhamos, todos temos mais o que fazer da vida.

(ou seja, até pouco depois de nosso 24º aniversário), o que devemos fazer é rejeitar todo mundo; vamos usar esse tempo para ter noção do mercado e chegar a uma perspectiva realista do que podemos esperar de um cônjuge. Depois que essa fase de rejeições tiver passado, devemos escolher a primeira pessoa que nos parecer melhor do que aquelas com quem saímos antes.

Seguir tal estratégia vai sem dúvida nos proporcionar a melhor chance possível de acharmos o melhor cônjuge em nossa lista imaginária. Um aviso, porém: mesmo essa versão do problema tem suas falhas.

Imaginem que, durante aqueles 37% da fase de rejeição, nós comecemos a sair com alguém de carisma fantástico, beleza arrasadora e papo brilhante – o cônjuge perfeito em todos os sentidos. Mas aí, como ainda não conhecemos todo mundo que deveríamos, não temos como saber se a pessoa em questão é mesmo a melhor da lista total. Caso estejamos obedecendo à matemática, precisaremos seguir à risca a fase de rejeição e deixar a pessoa escapar. Suponhamos, porém, que, depois que o intervalo de rejeição passar e nós começarmos a procurar um cônjuge mais a sério, lamentavelmente não apareça ninguém melhor. Pela regra, deveremos então continuar a rejeitar todo mundo pelo resto da vida, envelhecer e morrer sem ninguém, provavelmente nutrindo profundo ódio por fórmulas matemáticas.

De modo semelhante, imaginem que tivemos um azar danado e todo mundo que conhecemos naqueles primeiros 37% era insuportavelmente insosso e chato. Felizmente, ainda estávamos na fase de rejeição e, por isso,

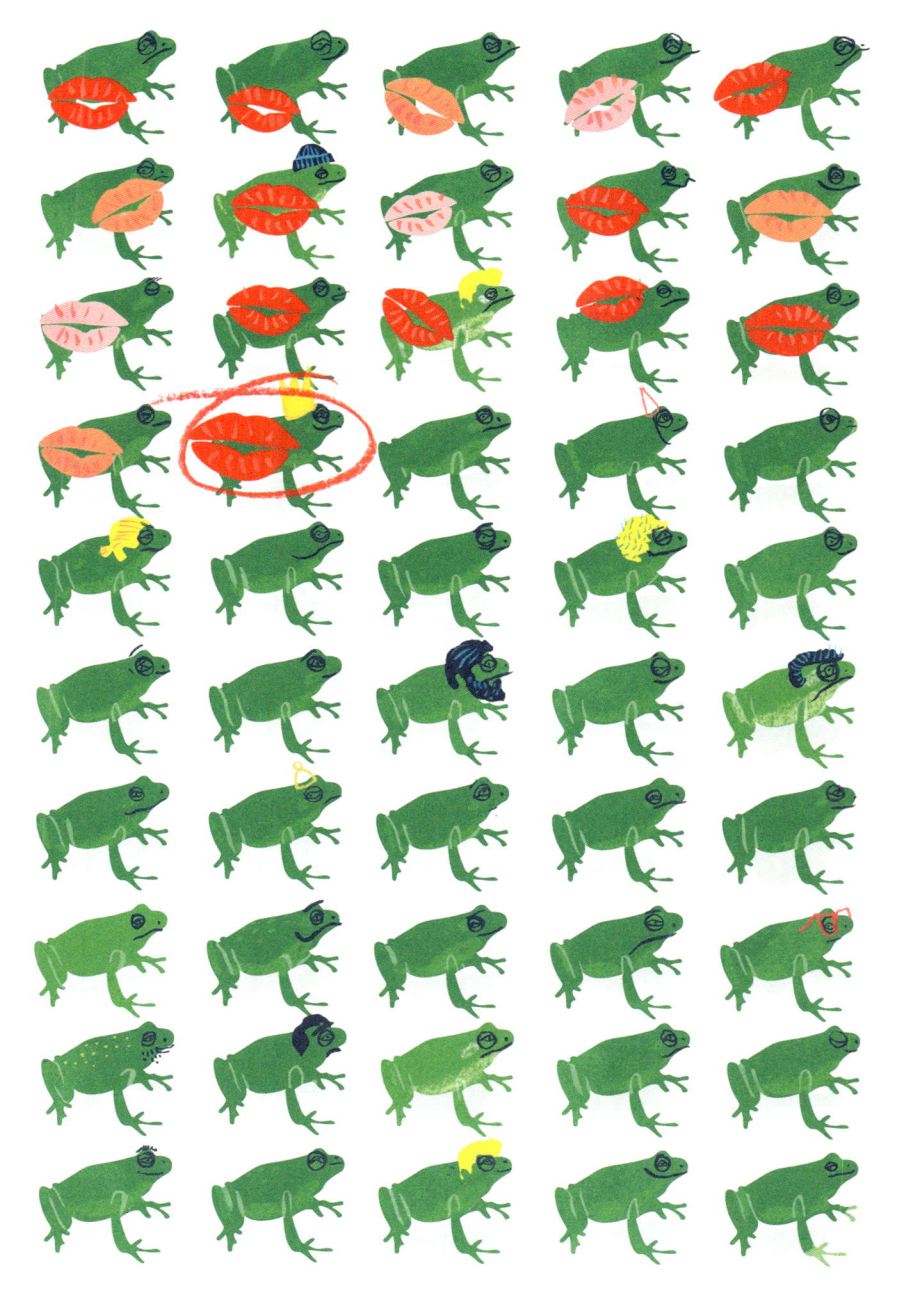

não acabamos passando o resto da vida com nenhuma dessas pessoas. Agora imaginem, no entanto, que a pessoa que namoramos em seguida ainda é péssima, apenas um pouquinho menos ruim que as anteriores. É uma pena, mas receio que, se obedecermos à matemática, teremos de casar com essa pessoa e ficar presos num matrimônio bem menos do que ótimo.

Se considerados todos os riscos, porém, essa é ainda a melhor estratégia disponível para aquelas nossas regras de namoro simplificadas, e acho que ela ainda parece representar de modo fidedigno a maneira como muitas pessoas agem na realidade. Com frequência, preferimos namorar algumas pessoas primeiro e só pensar seriamente em achar um cônjuge depois que chegamos ali pela metade ou segunda metade da casa dos 20. Na Europa, as mulheres casam em média aos 27 anos e meio, o que corresponde bem ao que diz a teoria. Consigo imaginar que os homens se mostrem um pouco mais despreocupados quanto à idade máxima para sossegarem, e isso decerto parece se refletir numa idade média de 33 anos e $\frac{1}{3}$ para os europeus do sexo masculino se casarem.

Para além da escolha do cônjuge, a mesma estratégia se aplica a uma vasta gama de outras situações em que as pessoas estão à procura de algo e querem saber qual a melhor hora de parar de procurar. Vocês têm 3 meses para achar um imóvel para morar? Rejeitem tudo no primeiro mês e depois escolham a melhor residência que aparecer em seguida. Precisam contratar um assistente? Rejeitem os primeiros 37% candidatos e depois deem o emprego ao próximo que acharem melhor que os anteriores. A propósito: a busca de um assistente é a mais famosa formulação dessa teoria, e o método costuma ser chamado "o problema da secretária".

Apesar das muitas aplicações que a teoria tem, e das ressalvas que já fiz a ela, é possível que mesmo assim eu tenha exagerado os benefícios da estratégia de "rejeitar 37%" no contexto dos namoros. Isso porque há ainda uma falha que não ressaltei. Até agora, a matemática presume que estamos interessados apenas em achar o melhor futuro cônjuge disponível para nós. Mas a situação se modificará ligeiramente se estivermos um pouquinho mais despreocupados quanto à pessoa com quem acabaremos vivendo. Na realidade, muitos de nós preferem ter um par apenas bom a ficar sozinhos se "a pessoa certa" não estiver disponível. E se, em vez de insistirmos no tudo ou nada, ficarmos satisfeitos com alguém que esteja apenas entre os 5% ou 15% melhores cônjuges em potencial?

A matemática ainda assim se mostra capaz de oferecer algumas respostas. Poderemos fazer uso da melhor estratégia em cada um desses contextos se usarmos um truque que os matemáticos conhecem como simulação de Monte Carlo. A ideia é inserir num programa de computador uma espécie de *Feitiço do tempo*, que possibilita simular dezenas de milhares de diferentes trajetórias de vida humana, cada uma delas com cônjuges potenciais que surgem aleatoriamente e apresentam níveis de compatibilidade também aleatórios. O programa age como se estivesse numa busca virtual do amor e consegue fazer experimentos com o que acontece em cada tempo de vida caso se use uma fase de rejeição diferente daquela de 37% que delineamos antes. Ao final de cada simulação, e com a vantagem do conhecimento *a posteriori*, o programa olha em retrospecto para todos os parceiros amorosos que a pessoa poderia ter tido e avalia se a estratégia foi bem-sucedida.

Se repetirmos a simulação de Monte Carlo para cada fase possível de rejeição e cada um dos três critérios de sucesso (apenas o melhor cônjuge; alguém entre os 5% melhores; alguém entre os 15% melhores), teremos um gráfico parecido com este:

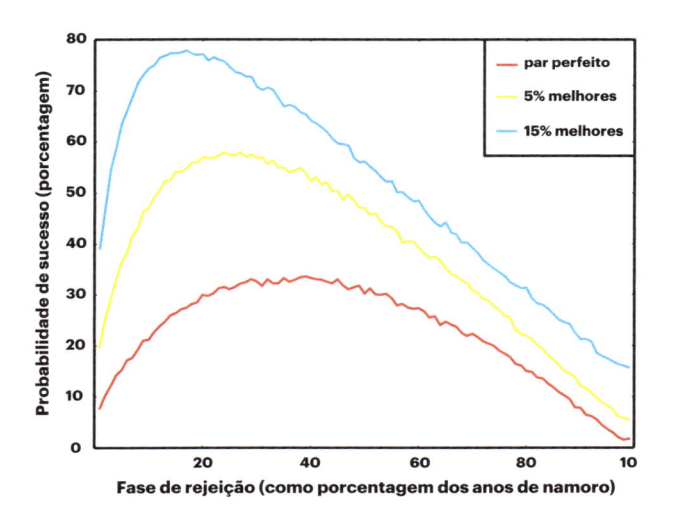

A linha vermelha é o nosso primeiro problema. Nela, a mais alta probabilidade de sucesso vem de uma fase de rejeição de 37%, tal qual a matemática predisse, também nos dando uma probabilidade de 37% de acharmos o par perfeito.

No entanto, caso afrouxemos um pouquinho os pré--requisitos e fiquemos satisfeitos em casar com alguém que se encontra entre os 5% melhores candidatos ou candidatas que namoraremos na vida, nós vamos precisar da linha amarela. Ali, teremos nossa melhor probabilidade de sucesso se rejeitarmos quem aparecer nos primeiros 22% de nossos anos de namoro e depois escolhermos a primeira pessoa que nos parecer melhor que todas as anteriores. Seguindo essa estratégia, casaremos com alguém entre os 5% melhores cônjuges potenciais, e o faremos em impressionantes 57% das vezes.

E se formos bem menos exigentes e nos contentarmos com alguém entre os 15% melhores, precisaremos depender apenas de meros 19% dos nossos anos de namoro para ter noção do mercado, como se vê na linha azul. Usando essa estratégia, poderemos esperar uma imensa probabilidade de sucesso de 78% – muito menos arriscada que a tradicional versão "tudo ou nada" do problema.

Tais ideias ainda não estão perfeitas. Cônjuges não são como moradias ou assistentes, que serão nossos se pudermos pagar. Ainda assim, creio que esse problema bacana e simples, mesmo que não possamos aceitar sua eficácia ao pé da letra, oferece alguma compreensão útil da situação no mundo real. Afinal, matemática é isso – abstrair do mundo real para nos ajudar a revelar padrões e relações ocultos que, de outro modo, continuariam envoltos em coisas bagunçadas como são as "emoções".

8 Como otimizar o casamento

Agora que já sabemos como buscar nosso par perfeito, vamos torcer para que todos possamos estabelecer um relacionamento feliz e bem-sucedido. Mas, quando nos resolvemos pelo casamento, há outro obstáculo a vencer antes de iniciarmos a parte do felizes para sempre. Depois que acaba a empolgação de ficarmos noivos, resta a desagradável realidade de precisarmos planejar o casamento.

Nenhuma jovem apaixonada e recatada imagina que um dia vai se transformar em uma noiva neurótica; nenhum futuro marido concebe que vai acabar se enervando por causa da cor das toalhas de mesa no bufê. Porém, com tantas preocupações concomitantes e concorrentes – a família da noiva, a família do noivo, o orçamento, a roupa, a cerimônia, o bufê, as madrinhas –, um tiquinho de loucura aflora em todos nós. (Acreditem, falo por uma amarga experiência própria.)

No entanto, antes que percamos a cabeça decidindo a caligrafia dos convites e do forro de organza do assento dos convidados, quero tentar mostrar como a matemática pode ajudar a fazer as coisas transcorrerem de forma um pouquinho mais tranquila no grande dia.

Convites matemáticos

Uma das primeiras coisas com que temos de lidar é a temida lista de convidados, tarefa que sempre se revela mais árdua do que parecia à primeira vista. Em condições ideais, convidaríamos todo mundo que conhecemos; mas logo a realidade a respeito do orçamento e do espaço nos obriga a fazer escolhas espinhosas entre pessoas que aparentemente têm igual direito de serem convidadas para a festa.

As pessoas que convidamos costumam ter cônjuges e familiares, e dependendo da severidade da política de acompanhantes adotada, podem acabar tendo precedência sobre os solteiros e os solitários.

Mesmo depois que tomamos essas decisões, nem todo mundo que convidamos acaba aparecendo no evento. Garantir que tenhamos o número perfeito de convidados é um malabarismo complicado. Se o número é pequeno demais, estamos dando as costas a pessoas importantes que, de outro modo, poderiam estar presentes na festa. Se o número é grande demais, estouramos o orçamento e somos pressionados pela falta de espaço.

A maioria das pessoas lida com o problema mandando os convites por etapas, ajustando assim os números à medida que chegam as confirmações de presença. Mas seria essa uma tática segura numa época em que as pessoas acham que mesmo o café da manhã de todos os dias merece postagem no Facebook? Se mandarmos convites de casamento, isso certamente acabará sendo de conhecimento público, alertando os amigos e familiares de segundo escalão para o fato de que foram excluídos da primeira rodada de convites.

Uma estratégia opcional poderia ser convidarmos menos gente do que o bufê (ou equivalente) comporta. Ou então alugarmos o espaço quando tivermos certeza do número de convidados que virão. Ou, ainda, adotarmos a estratégia que a maioria utiliza na mesma situação: o chute puro e simples.

Existe, porém, uma maneira de usarmos a matemática para ter um ponto de partida sensato antes que comece o bate-boca com a família do futuro cônjuge.

O processo se inicia com uma lista de todos os nossos convidados em potencial, agrupados como casais ou famílias e colocados na ordem de quanto queremos sua presença no grande dia. Isso talvez já pareça tarefa árdua, mas se nem nós sabemos quanto gostamos de nossos amigos, não há muito que a matemática possa fazer para nos ajudar.

Coloquem a lista numa planilha, com o nome do grupo (casal ou família) na primeira coluna e o número de pessoas que o grupo representa na coluna seguinte.

O próximo passo é decidir qual a probabilidade de cada grupo comparecer se for convidado. Considere se as pessoas moram longe. E também o que está acontecendo na vida delas. Será que no fundo elas não nos detestam? E por aí vai.

Pensem nessas probabilidades em termos percentuais, mas lancem-nas como números decimais. Por exemplo, há uma probabilidade de 95% de que uma amiga íntima de infância e o namorado dela venham; assim, os dois ganham coletivamente 0,95 ponto. Tais probabilidades constituem a terceira coluna da planilha.

Ao multiplicarmos a segunda coluna – o número de pessoas em cada grupo – pela pontuação respectiva na terceira, obtemos uma quarta coluna, que contém o número estimado de pessoas que vão comparecer.

Enquanto percorremos a lista, descendo dos VIPs aos coadjuvantes, devemos ir mantendo na quinta coluna um total parcial do número previsto de convidados. O método mais simples é então parar quando o total parcial de convidados esperados excede a capacidade física do local da festa. Fazendo isso, acabamos convidando em média o número certo de pessoas para o casamento.

A tabela a seguir nos dá um exemplo de como seria a ponta final de uma planilha assim. Com um espaço que pode receber 100 convidados, devemos convidar todo mundo, até o Gordon e a família. Vamos mandar convites para mais de 100 pessoas, mas dá para esperar que em média só 100 venham. Dessa vez, o David e a Sam não chegaram à pontuação necessária; é uma pena, mas foi provavelmente melhor assim.

Nomes	NÚMERO DE CONVIDADOS	PROBABILIDADE DE CONFIRMAREM PRESENÇA	PRESENÇA PREVISTA	TOTAL PARCIAL
John e família	4	0,95	3,8	94,8
Tony e Cherie	2	0,20	0,4	95,2
Gordon e família	5	1,00	5,0	100,2
David e Sam	2	0,80	1,6	101,8

O leitor atento terá identificado um problema com a ideia de chegar ao número certo em média. Uma vez que estamos lidando com probabilidades, a lista final de presença pode tanto exceder a capacidade do local como ficar aquém dela. Gente de menos nos dá a oportunidade de incluir todos os "convidados dos convidados" e as pessoas de quem só nos lembramos na última hora; mas gente demais pode significar desastre no dia do casamento.

A versão avançada dessa ideia, portanto, é calcularmos as probabilidades de que ocorra o pior dos casos e ajustarmos nosso limite máximo de convidados para que reste apenas uma pequena possibilidade de algum desastre com presença em excesso.

Mas como calcular a probabilidade de desastre?

Imagine que precisemos convidar 150 pessoas para ter uma presença prevista de 100 no dia do casamento. Na realidade, poderiam comparecer de zero a 150 pessoas, mas a probabilidade de que qualquer dessas situações extremas se concretize é muito baixa.

É bem simples calcularmos a probabilidade de que *todo mundo* compareça: simplesmente multiplicamos juntas todas as probabilidades da terceira coluna da nossa planilha. Por exemplo, a probabilidade de que John, Tony e Gordon e seus acompanhantes venham todos é $0,95 \times 0,2 \times 1,0 = 0,19$, ou 19%.

Em teoria, poderíamos calcular a probabilidade de qualquer número final de convidados se simplesmente examinássemos a probabilidade de cada combinação de *sim* e *não*.[1]

Se fôssemos lançar todas essas probabilidades num gráfico, ele poderia ser como o abaixo. O total final de convidados mais perto do meio do gráfico será muito mais provável, e assim podemos esperar que compareçam em média 100 convidados.

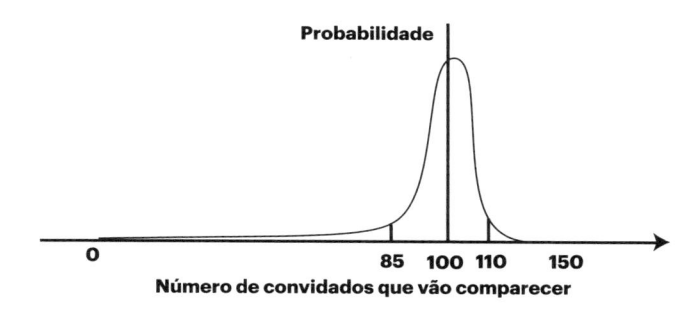

Agora, torna-se tarefa mais fácil decidirmos uma margem de segurança razoável. Se nós convidamos 150 pessoas, podemos ficar bastante confiantes de que o mais provável é que a quantidade de convidados que efetivamente vai comparecer corresponda a algum número no pico da curva – neste exemplo, entre 85 e 110.

Poderíamos então refazer o gráfico para ver como a curva e, portanto, o limite superior e o inferior mudariam se convidássemos 130 pessoas, em vez de

1. Embora tenha muito mais sentido usar uma simulação computacional de Monte Carlo. Os métodos de Monte Carlo proporcionam uma maneira de realizar amostragens sem que se precise verificar cada combinação possível.

150; ou 120, em vez de 130; e assim por diante, repetindo até acharmos uma margem de segurança que nos deixe sossegados. O método tem aplicações no mundo real. Em 2013, na Austrália, o estatístico Damjan Vukcevic e sua noiva, Joan Ko, usaram essa mesmíssima técnica para planejar a lista de convidados da festa. No caso de Damjan e Joan, eles dividiram os convidados em quatro categorias e estimaram a probabilidade para cada categoria. Enviaram 139 convites, e o modelo estatístico que adotaram lhes indicou que esperassem 106 convidados, com 95% de certeza de que compareceriam entre 102 e 113 convidados.

Acabou que 105 pessoas compareceram ao casamento, embora apenas 97 delas constassem da lista original de convidados. Damjan e Joan conseguiram acertar o número de pessoas que viriam, apesar de terem cometido dois erros que se anularam mutuamente: superestimaram a probabilidade de que os amigos que moravam ou trabalhavam na cidade compareceriam, mas subestimaram a probabilidade de haver pessoas que resolveriam aparecer de última hora.

Como já vimos no capítulo 1, ter de contrabalançar erros assim é tema recorrente em problemas de estimativa e constitui uma das razões pelas quais é boa ideia conferir uma probabilidade a cada grupo de nossa lista de convidados. Por certo seremos exageradamente otimistas com relação a alguns convidados; mas também subestimaremos outros. Talvez até acabemos dando um pouco de azar. Na média, entretanto, as coisas darão certo no final. Não é possível elaborar um método que seja *completamente* desprovido de risco. O método que vimos, porém, proporciona um ponto de partida vantajoso, que podemos adaptar e ajustar antes de enfim elaborar a lista de convidados.

Atribuir matematicamente os lugares à mesa

Quando se trata de casamentos, há outros erros que, infelizmente, não são fáceis de esquecer. E, à parte algum pavoroso discurso feito por um padrinho ou algum vestido de noiva especialmente mal ajustado, um dos erros mais difíceis de perdoar é fazer dois inimigos sentarem juntos no jantar.

O planejamento dos lugares à mesa é parte crucial de todo e qualquer casamento. Em larga medida, a satisfação dos convidados com o evento dependerá de nossa decisão de onde colocá-los. Se acertarmos, teremos sucesso em congregar os amigos do noivo e da noiva. Se errarmos, será difícil deter a maré de ressentimento que tomará conta do salão, ou impedir a inevitável briga lá fora.

Precisamos fazer os casais e as famílias se sentarem juntos; os amigos, se possível, dividirem a mesma mesa; e manter os inimigos longe uns dos outros, custe o que custar.

E é aí que entra em cena a matemática da otimização. Problemas de alocação – muito semelhantes a esse – surgem em toda parte. Quando a publicidade alega que alguma coisa é a melhor, a menos dispendiosa ou a mais eficiente, um algoritmo de otimização costuma estar operando ali. E os algoritmos desse tipo, adotados por organizações que vão de governos a fundos multimercados e ao Walmart, podem também ser utilizados para tomar medidas concretas para assegurar que o lugar das pessoas à mesa não provoque brigas em casamentos.

Ao escolhermos a melhor alocação de lugares, é importante primeiro definir o que queremos dizer com "melhor". Poderia significar maximizar a satisfação dos convidados mais importantes. Ou maximizar a satisfação média de todos os convidados. Poderíamos até querer minimizar a satisfação dos convidados que no íntimo detestamos, mas que tivemos de convidar para ser bem-educados.

Seria possível realizar qualquer dessas opções (embora eu não recomende a última), mas desejamos que a satisfação total no casamento seja a maior possível.

Para procedermos direito, precisamos definir o que queremos dizer com "satisfação".

Uma maneira de fazer isso é elaborar uma tabela para comparar todos os convidados uns com os outros e atribuir pontos entre eles para descrever como se sentiriam sentando juntos. Vamos usar pontuação positiva sempre que duas pessoas se conhecem ou ficariam satisfeitas perto uma da outra. Quanto mais alta for a pontuação, mais importante será que essas pessoas fiquem à mesma mesa.

Pessoas que não se conhecem recebem pontuação zero, e pessoas que devem ficar longe umas das outras recebem pontuação negativa. Uma pontuação negativa alta pode ser usada sempre que as pessoas precisarem ficar distantes, custe o que custar.

Podemos ilustrar a experiência com um exemplo particularmente tenso de uma festa de casamento com apenas duas mesas. Os nomes não são os da vida real, e sim escolhidos totalmente ao acaso.

	LUKE	BRUCE	FILHOTE DE DÁLMATA	DARTH	CORINGA	CRUELA
Luke	—	20	60	-20	-5	0
Bruce	20	—	40	-10	-30	-5
Filhote de dálmata	60	40	—	-10	-30	-40
Darth	-20	-10	-10	—	30	15
Coringa	-5	-30	-30	30	—	20
Cruela	0	-5	-40	15	20	—

No presente caso, a solução é óbvia: acomodar Luke, Bruce e o filhote em uma das mesas, e os desmancha-prazeres – Darth, Coringa e Cruela – em outra.

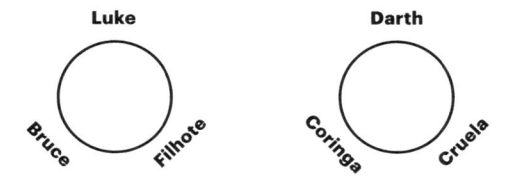

Olhando a coluna de Luke, vemos que ele conseguiria 20 "pontos de satisfação" por sentar com Bruce, e 60 por sentar com o filhote, o que dá um total de 80.

De modo semelhante, Bruce conseguiria um total de 60 pontos de satisfação, e o filhote ficaria felicíssimo com os novos amigos e conseguiria 100 pontos.

Na mesa dos azedos, Darth conseguiria 45 pontos; o Coringa, 50; e Cruela, um total de 35. Pelos menos estariam felizes sendo muito infelizes juntos. Somando os pontos de todos os convidados, o planejamento apresentaria um total de satisfação de 370 pontos. Um começo nada ruim para a festa.

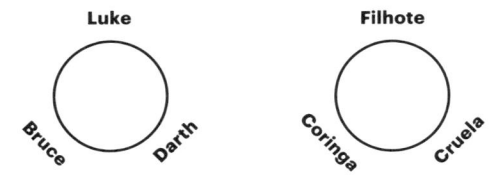

Mas basta fazer uma troca de convidados entre as mesas para que sobrevenha a catástrofe. Se o dálmata mudar de lugar com Darth (de modo que Luke, Bruce e Darth fiquem na mesma mesa, e o filhote, o Coringa e Cruela, na outra), os pontos de satisfação vão despencar para –120.

O exemplo é bem simples, e o planejamento ideal para as mesas está óbvio desde o princípio, mas essa técnica de calcular pontos entre as pessoas proporciona uma maneira de resolver metodicamente o problema das mesas em casamentos muito maiores e muito mais realistas.

O método básico é o mesmo; e, em teoria, poderíamos verificar uma a uma, à mão, qualquer das combinações de assento possíveis. Problema resolvido, então.

Só que, mesmo num pequeno evento com 17 pessoas e 2 mesas de 10 lugares, há 131.702 maneiras diferentes de acomodar os convidados.

Um programa de computador que pudesse verificar um arranjo de assentos por segundo levaria quase dois dias para processar cada combinação possível. As décadas que levaríamos para fazer isso com papel e lápis talvez fizessem nosso futuro cônjuge desistir. Esse tempo de computação se torna cada vez maior à medida que aumenta o número de convidados. Um casamento com 100 convidados e 10 mesas renderá 65 trilhões de trilhões de trilhões de trilhões de trilhões de trilhões de trilhões de diferentes arranjos de assento. Boa sorte para quem for verificar isso antes do grande dia!

É aqui que os truques da otimização matemática vêm mesmo a calhar. Há um monte de métodos matemáticos muito inteligentes para que possamos passar direto por enorme quantidade de combinações ruins sem precisar verificá-las.[2] Isso significa que, em vez de calcularmos a pontuação geral para cada arranjo possível, podemos fazer uma busca rápida e eficiente nas combinações e achar a melhor delas sem verificar todas.

Em 2012, os cientistas Meghan Bellows e J. D. Peterson empregaram essa estratégia para planejar a distribuição das cadeiras em seu próprio casamento. Começaram atribuindo pontos de satisfação a cada um dos 107 convidados.

Dado o tamanho do problema, decidiram não executar a tarefa na base de papel e lápis. Fizeram, isto sim, o que qualquer organizador de casamentos que se preze faz:

---

2. Entre os exemplos de tais métodos, incluem-se o algoritmo de arrefecimento simulado [*simulated annealing algorithm*] e o procedimento símplex de Nelder--Mead. Ambos fornecem modos eficientes de procurar soluções ótimas.

deixaram todo o trabalho para um Sistema Geral de Modelagem Algébrica (GAMS) com solucionador CPLEX.[3] Depois de 36 horas, já tinham um arranjo de mesas.

Se o conhecimento que vocês têm de técnicas de programação para otimização numérica não chega a ser satisfatório, vocês ainda assim devem ser capazes de resolver à mão uma ou duas das mesas mais difíceis. Do contrário, convoquem os amigos matemáticos. Em minha experiência, eles costumam ficar mais do que felizes em ajudar.

Não há como afirmar que o resultado será sempre perfeito. A matemática só pode fazer o possível com os números que lhe fornecemos. Mas ela deve constituir um bom ponto de partida até que se apresentem à família do futuro cônjuge as propostas de distribuição de assentos – e aí as brigas de verdade poderão começar.

3. O solucionador CPLEX aplica um algoritmo originário da programação linear e utiliza os pontos de satisfação para criar uma região factível em solução espacial. O solucionador desconsidera tudo o que está dentro desse polítopo convexo, presumindo que o resultado ótimo estará na superfície do símplex.

9 Como viver felizes para sempre

Todo mundo adora um bom casamento. Entretanto, por mais deprimente que seja pensar em tal coisa no grande dia, é um fato triste da vida moderna: a longo prazo, muitos matrimônios não sobrevivem.

Embora a maioria das pessoas consiga se manter bastante otimista sobre as suas possibilidades de ser feliz no casamento, não é fácil evitar para sempre a realidade (que não tem nada de conto de fadas) de que os relacionamentos podem ser muito difíceis. Não importa se vamos mesmo optar por casar, não seria bacana ter alguma noção da melhor maneira de nos portarmos num relacionamento a longo prazo, para assim termos a maior probabilidade de continuarmos felizes? Talvez, dispor de algumas ferramentas para lidarmos eficientemente com conflitos e evitar desastrosas espirais de negatividade? Ou uma estratégia que nos permita conservar a individualidade e, ao mesmo tempo, manter a nós e nossos cônjuges como uma equipe unida e coesa?

Para tratar dessas questões, eu gostaria de mostrar uma das aplicações de que mais gosto da matemática na história do amor – e que está firmemente ancorada na realidade. Tal aplicação se origina de uma colaboração maravilhosa entre matemáticos e psicólogos e se encerra com uma vigorosa mensagem sobre como os padrões matemáticos em nossos relacionamentos do mundo real nos ensinam como tratar um ao outro ao longo do caminho para vivermos felizes para sempre.

A matemática da vida matrimonial

Todo relacionamento conhecerá conflitos, mas hoje há entre a maioria dos psicólogos um consenso de que a maneira como os casais brigam pode diferir substancialmente e servir para que se faça um prognóstico da felicidade conjugal a longo prazo.

Nos relacionamentos em que ambos os cônjuges se consideram felizes, o mau comportamento é descartado como exceção: "É que ele anda muito estressado com outras coisas". Ou: "Não admira que esteja mal-humorada – ela não tem dormido muito ultimamente". Casais nessa invejável situação têm do cônjuge uma visão positiva profundamente arraigada, que todo e qualquer comportamento positivo só faz reforçar: "Estas flores são lindas! Ele é sempre tão bom para mim!" Ou: "Ela é uma pessoa tão bacana! Não admira que tenha feito essa gentileza".

Nos relacionamentos negativos, porém, a situação se inverte. O mau comportamento é considerado norma: "Ele sempre foi assim". Ou: "Pois é, aconteceu de novo – ela só está mostrando quanto é egoísta". O que se considera incomum é, isto sim, o comportamento positivo: "Ele só está me agradando para se exibir, porque recebeu aumento; isso logo, logo acaba". Ou: "É bem típico dela; só está fazendo isso por interesse".

Mas, para além dessas impressões, uma equipe de acadêmicos, liderada pelo psicólogo John Gottman, concebeu um modo de representar por pontuação[1] quanto os cônjuges podem ser positivos ou negativos um para o outro.

Durante várias décadas, Gottman e sua equipe observaram as conversas de centenas de casais e mensuraram tudo o que lhes ocorreu registrar, desde as expressões fisionômicas até os batimentos cardíacos, a condutividade dérmica e a pressão sanguínea, assim como o que cada pessoa realmente disse.

Na escala de Gottman, os casais de baixo risco obtiveram muito mais pontos positivos do que pontos negativos. Já os casais que enfrentavam grandes dificuldades no relacionamento mergulhavam mais e mais na negatividade.

Embora poucos de nós tenham medidores portáteis de condutividade dérmica em casa, vocês poderão usar uma versão mais simples da técnica para examinar sua própria relação.[2]

Preparem uma câmera e filmem-se por uns 15 minutos enquanto conversam sobre algum assunto especialmente contencioso. Depois que tiverem terminado (e toda e qualquer raiva tiver amainado), assistam ao vídeo e atribuam nota a tudo o que disseram que se enquadre numa das seguintes categorias de sentimentos:

1. Um código de análise de expressão afetiva chamado Sistema de Codificação de Afeto Específico (Specific Coding System, SPAFF).

2. Um apanhado completo do sistema de pontuação se encontra em Coan & Gottman, "The Specific Affect Coding System (SPAFF)", 1995.

CATEGORIA	PONTUAÇÃO	CATEGORIA	PONTUAÇÃO
Alegria	+4	Desprezo	-4
Humor	+4	Repulsa	-3
Carinho	+4	Defesa	-2
Apoio	+4	Beligerância	-2
Interesse	+2	Bloqueio	-2
		Dominância	-1
		Raiva	-1
		Lamúria	-1
Neutro	O	Tristeza	-1

Ao mesmo tempo que vocês resistem à tentação de bater boca por causa das pontuações, tentem ver se há aí padrões que vêm à tona. Alguma coisa que disseram provocou uma reação em cadeia de negatividade? Vocês poderiam mostrar mais disposição para entender o ponto de vista do cônjuge? Por certo não sou psicóloga, mas penso que ganhamos algo de positivo ao examinarmos objetivamente nosso comportamento por meio de números e tentarmos ver se há algo que possamos fazer para promover um diálogo mais positivo.

O sistema de pontuação mais sofisticado que os acadêmicos elaboraram (uma extensão da tabela apresentada) possibilitou que Gottman e sua equipe predissessem o divórcio desses casais com precisão de até 90% depois de tê-los visto conversar. Porém, foi só quando os pesquisadores passaram a trabalhar com o matemático James D. Murray que eles começaram a entender como se formam e se desenvolvem aquelas espirais descendentes de negatividade.

Os modelos matemáticos de Murray, embora se expressem em termos de marido e mulher, não se baseiam em nenhum estereótipo de gênero e poderiam se aplicar igualmente bem a quaisquer relacionamentos de longo prazo, inclusive homoafetivos. São um exemplo maravilhosamente simples e preciso de como a matemática se presta a estudar padrões de comportamento humano e podem ser condensados de um jeito bacana nestas duas equações:

$$W_{t+1} = w + r_w W_t + I_{HM}(H_t)$$

$$H_{t+1} = h + r_H H_t + I_{HM}(W_t)$$

As equações podem parecer totalmente sem sentido à primeira vista, mas na realidade descrevem um conjunto muito simples de regras para predizermos se na continuação da conversa o marido e a mulher serão positivos ou negativos.

Na primeira equação, que é a equação da mulher, podemos destrinçar como essas regras funcionam. A parte à esquerda do sinal de igual na equação é simplesmente quanto a mulher será positiva ou negativa na próxima coisa que disser. A reação da mulher vai depender de seu humor geral quando não está na companhia do marido (um humor denotado por w); do humor da mulher quando está com o marido ($r_w W_t$); e, crucialmente, da influência que os atos do marido terão no humor da mulher (I_{HM}). O Ht entre parênteses no fim da equação é uma abreviatura matemática que indica que essa influência do marido depende do que ele acabou de fazer.

As equações para o marido seguem o mesmo padrão: h é o humor dele quando não está na companhia da mulher; $r_H H_t$ é o humor do marido quando está com a mulher; e I_{HM} é a influência que a mulher tem na próxima reação do marido.

Vale a pena fazermos uma pausa rápida para mencionar que as mesmíssimas equações também têm tido sucesso em descrever o que acontece entre dois países que estão em corrida armamentista. Assim, um casal que vive às turras, na espiral descendente da negatividade e à beira do divórcio, equivale matematicamente ao início de uma guerra nuclear.

Isso não quer dizer que tenham feito essas equações caberem à força numa aplicação nova e despropositada. Dado que se demonstrou que elas captam com precisão o que acontece em dois contextos tão diferentes, a analogia significa apenas que o discernimento advindo do estudo dos conflitos internacionais é capaz de dar novo significado à nossa compreensão da vida conjugal, e vice--versa. O vínculo entre os contextos serve para fortalecer a matemática, não para enfraquecer seu significado.

Assim como na escalada para a guerra nuclear, o mais importante nas equações de Gottman e Murray de vida conjugal é a influência que marido e mulher causam um no outro.

Já que Gottman e Murray foram os primeiros a aplicar um modelo matemático ao conflito matrimonial, eles tiveram liberdade para escolher que configuração aquele termo I_{HM} apresentaria e concluíram que a seguinte versão corresponde bem ao que se havia observado em casais da vida real:

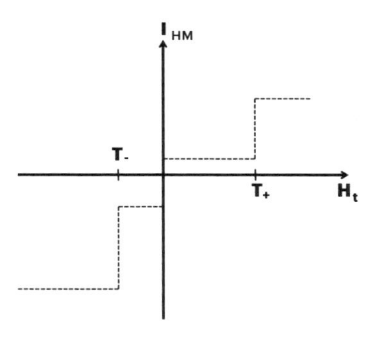

Se adotarmos como referencial a influência que um marido (H_t) tem no humor da mulher (I_{HM}), o gráfico acima mostrará o modelo matemático escolhido pela equipe de Gottman e Murray.

Sempre que a linha pontilhada ficar em posição elevada na escala I_{HM}, isso significará que o marido está causando impacto positivo no humor da mulher. E, sempre que a linha pontilhada cair abaixo de zero na escala I_{HM}, será maior a probabilidade de que a mulher se mostre negativa na continuação da conversa.

Vamos imaginar que o marido faça algo que é um pouquinho positivo: ele pode concordar com a última fala da mulher; ou injetar algum humor na conversa. Essa ação causará pequeno impacto positivo na mulher e a fará reagir com algo também positivo.

Isso acontecerá até um ponto, T_+, em que o marido fará algo bacana mesmo, como dizer que a ama – ou concordar em ir assistir com ela à nova peça de teatro que a mulher tanto quer ver.[3] Qualquer coisa mais positiva que T_+ causará grande impacto na mulher e fará aumentar muito a probabilidade de que o casal se veja numa conversa estável e agradável que trará um monte de reforços positivos.

Na outra ponta do espectro, se o marido for um pouquinho negativo (por exemplo, interrompendo a mulher quando ela estiver falando), causará impacto determinado e negativo no cônjuge. Vale a pena assinalar que a magnitude dessa influência negativa será maior que o salto positivo equivalente se o marido for só um tiquinho positivo. Gottman e sua equipe embutiram de caso pensado essa assimetria depois de a terem observado no estudo que fizeram.

Em algum ponto T_-, conhecido como "limiar da negatividade", o marido será irritante o suficiente para que a mulher perca a paciência por completo e reaja de modo muito negativo. Verifica-se que esse limiar é bem importante para compreendermos as espirais descendentes de negatividade que ocorrem entre cônjuges.

Pois bem, eu sempre achei que bons relacionamentos eram resultado de negociação e compreensão, e, por isso, teria concluído que o melhor é querer um limiar de negatividade realmente elevado. Ou seja, ter um relacionamento em que damos ao outro espaço para

---

3. Meu marido deveria tomar nota especialmente disso.

ser ele mesmo, e só levantar uma questão quando ela se tornar de fato um problemão.

Contudo, a equipe descobriu que se trata justamente do oposto: os relacionamentos mais bem-sucedidos são aqueles com limiar de negatividade muito baixo.[4] Nesses relacionamentos, os cônjuges se permitem reclamar e trabalham juntos para estar sempre solucionando as mínimas discordâncias. Em tais casos, eles não represam os sentimentos, e as pequenas coisas não acabam sendo extrapoladas totalmente fora de proporção.

Isso, entretanto, não esgota o assunto.[5] Viver felizes para sempre não se restringe a estarmos à vontade para reclamar. Antes de tudo, vale a pena acrescentar que a linguagem que usamos na conversa deve ser sempre receptiva e compreensiva; e sempre existe mais espaço para respeitarmos nossos companheiros como indivíduos, e não para nos permitirmos sentir como se fôssemos vítimas do comportamento deles. De minha parte, gosto da ideia de que a matemática nos deixa uma mensagem positiva para nossos relacionamentos, reforçando a sabedoria deste conselho milenar: "Apaziguai a vossa ira antes que o sol se ponha".

4. Isso com base num estudo que foi feito com recém-casados em Seattle entre 1989 e 1992. Constatou-se que, junto com os parâmetros não influenciados de ambos os cônjuges, os limiares de elevada negatividade eram expressivo indicador de provável divórcio.
5. Os leitores interessados num apanhado abrangente da bibliografia acadêmica sobre a vida conjugal não farão nada mal em ler o fascinante e brilhantemente escrito livro *The Mathematics of Marriage* [A matemática do casamento] de Gottman, Murray, Swanson, Tyson & Swanson (Basic Books, 2005).

Em muitos aspectos, este livro é simplesmente uma homenagem aos muitos matemáticos que dedicaram seu tempo a tentar captar e destrinçar a essência vaga e esquiva do amor. Por vezes, as buscas deles se desviam mais para o lado brincalhão do tema. Outras vezes, seu trabalho oferece ajuda bem embasada e sensata que se aplica a todos nós. Desde a equação de Peter Backus para calcular nossas possibilidades de encontrar o amor até as recomendações matemáticas de John Gottman e James Murray aos casais, todos esses auxílios me parecem igualmente precisos e elegantes.

Por mais diferentes que possam ser as iniciativas para compreender o amor, um fato une todas: elas existem apenas como modelos da realidade. E, nas palavras do estatístico britânico George E. P. Box, "Todos os modelos estão errados, mas alguns são úteis".

Para alguns, seria fácil desdenhar os exemplos deste livro como superficiais e frívolos e manter certo ceticismo sobre quanto eles realmente se aplicam ao amor. Acho, porém, que agir assim seria deixar passar despercebidos os verdadeiros esclarecimentos que aqueles exemplos oferecem. Isso porque, apesar das limitações desses exemplos, creio que todos se combinam para nos ensinar algo importante sobre a matemática.

A matemática nos leva à abstração da realidade, e não à reprodução dela. Nesse processo, oferece benefícios muito reais. Ao nos permitirmos ver o mundo de uma perspectiva abstrata, criamos uma linguagem que está incomparavelmente apta a captar e descrever aqueles padrões e mecanismos que, de outro modo, permaneceriam ocultos. E, como qualquer cientista ou engenheiro dos últimos duzentos anos nos dirá, compreender tais padrões e mecanismos é o primeiro passo para conseguirmos fazer uso deles.

A matemática, por ter sido capaz de descrever o comportamento da eletricidade e do magnetismo, constituiu a base de nossa moderna revolução tecnológica. Ao fornecer uma plataforma para que se testem rigorosamente hipóteses e se lide também rigorosamente com indícios e provas, a matemática desempenhou seu papel na moderna transformação da medicina. Quanto a minhas próprias pesquisas, a matemática está sendo agora usada para estudar os padrões do comportamento humano, possibilitando que vejamos temas muito diversos – desde o terrorismo até a vida urbana – de uma perspectiva nova e penetrante.

Porém, assim como os melhores praticantes da matemática aplicada conhecem o poder de seu campo de trabalho, também conhecem suas limitações. Compreendem a importância do que acontece para além das equações e respeitam o valor de outras perspectivas.

Com a grande crise financeira de 2008, vimos o que de pior acontece quando as pessoas não entendem as fragilidades dos modelos matemáticos e obedecem cegamente às equações sem atentar para as advertências e para as ressalvas que os matemáticos fazem. Para mim, esses malogros refletem um conceito falso que fazem da matemática e que é erro tão grave quanto não confiar nela de jeito nenhum.

No entanto, a matemática, para além de suas limitações, tem para mim uma beleza que resume e expressa o realismo, a idiossincrasia e a abstração. E nunca vou me cansar de descobrir mais padrões ocultos e mais resultados só aparentemente contraditórios no mundo real, não importando as suposições que nos levam a eles.

LEITURA COMPLEMENTAR

CAPÍTULO 1: QUAIS AS PROBABILIDADES DE ENCONTRAR O AMOR?

Backus, Peter. "Why I Don't Have a Girlfriend". Warwick Economics Summit, 2010.

Drake, Frank. "The Drake Equation", 1961. Disponível em: www.activemind.com/Mysterious/topics/seti/drake_equation.html

CAPÍTULO 2: QUAL A IMPORTÂNCIA DA BELEZA?

Ariely, Dan. *Predictably Irrational: The Hidden Forces That Shape Our Decisions*. New York: Harpercollins, 2008. [Edição brasileira: *Previsivelmente irracional*. Tradução de Jussara Simões. Rio de Janeiro: Elsevier, 2008.]

Devlin, Keith. "The Myth That Will Not Go Away". *The Mathematical Association of America*, 2007.

Johnston, Victor S. "Mate Choice Decisions: The Role of Facial Beauty". *Trends in Cognitive Sciences*, 2006.

Perrett, David. *In Your Face: The New Science of Human Attraction*. London: Palgrave Macmillan, 2010.

Perrett, David; I. D. Michael Burt; Ian S. Penton-Voak; Kieran J. Lee; Duncan A. Rowland & Rachel Edwards. "Symmetry and Human Facial Attractiveness". *Evolution and Human Behavior*, 1999.

Thornhill, Randy & Steven W. Gangestad. "Facial Attractiveness". *Trends in Cognitive Sciences*, 1999.

CAPÍTULO 3: COMO MAXIMIZAR AS NOITADAS

Gale, David & Lloyd Shapley. "College Admissions and the Stability of Marriage". *The American Mathematical Monthly*, 69 (1), 1962.

Huang, Chien-Chung. "Cheating by Men in the Gale-Shapley Stable Matching Algorithm". *Algorithms-ESA*, 2006.

McVitie, D. G. & L. B. Wilson. "The Stable Marriage Problem". *Communications of the ACM*, 14 (7), 1971.

Roth, Alvin E. & Marilda A. Oliveira Sotomayor. *Two-Sided Matching: A Study In Game-Theoretic Modeling and Analysis*. Cambridge: Cambridge University Press, 1992.

CAPÍTULO 4: ENCONTROS VIRTUAIS

Estatísticas acessadas em: www.statisticbrain.com/online-dating-statistics/.

Ireland, Molly E.; Richard B. Slatcher; Paul W. Eastwick; Lauren E. Scissors; Eli J. Finkel & James W. Pennebaker. "Language Style Matching Predicts Relationship Initiation and Stability". *Psychological Science*, 22 (1), 2011.

Rudder, Christian. "Inside OkCupid:

The Math of Online Dating", 2013. Disponível em: www.youtube.com/watch?v=m9PiPlRuy6E

———. "We Experiment on Human Beings!", 2014. Disponível em: http://blog.okcupid.com/index.php/we-experiment-on-human-beings/

CAPÍTULO 5: O JOGO DOS NAMOROS

Axelrod, Robert M. *The Evolution of Cooperation (revised ed.)*. New York: Basic Books, 2009. [Edição brasileira: *A evolução da cooperação.* Tradução de Jusella Santos. São Paulo: Leopardo, 2010.]

Güth, Werner; Radosveta Ivanova-Stenzel & Elmar Wolfstetter. "Bidding Behavior in Asymmetric Auctions: An Experimental Study". *European Economic Review,* 49 (7), 2005.

Sozou, Peter D. & Robert M. Seymour. "Costly but Worthless Gifts Facilitate Courtship". *Proceedings of the Royal Society B: Biological Sciences,* 272 (1575), 2005.

CAPÍTULO 6: A MATEMÁTICA DO SEXO

Bearman, Peter S.; James Moody & Katherine Stovel. "Chains of Affection: The Structure of Adolescent Romantic and Sexual Networks". *American Journal of Sociology,* 110 (1), 2004.

Liljeros, Frederik; Christofer R. Edling; Luis A. Nunes Amaral; H. Eugene Stanley & Yvonne Åberg.

"The Web of Human Sexual Contacts". *Nature,* 411 (6840), 2001.

Newman, M. E. J. "Spread of Epidemic Disease on Networks". *Physical Review E*, 66 (1), 2002.

CAPÍTULO 7: QUANDO DEVEMOS SOSSEGAR?

Ferguson, Thomas S. "Who Solved the Secretary Problem?". *Statistical Science,* 4 (3), 1989.

Todd, Peter M. "Searching for the Next Best Mate". In: Rosaria Conte; Rainer Hegselmann & Pietro Terna (eds.) *Simulating Social Phenomena*. Berlim: Springer, 1997; pp. 419-36.

CAPÍTULO 8: COMO OTIMIZAR O CASAMENTO

Alexander, Ruth. "A Statistically Modeled Wedding", 2014. Disponível em: www.bbc.co.uk/news/magazine-25980076.

Bellows, Meghan L. & J. D. Luc Peterson. "Finding an Optimal Seating Chart". *Annals of Improbable Research*, 2012.

CAPÍTULO 9: COMO VIVER FELIZES PARA SEMPRE

Gottman, John M.; James D. Murray; Catherine C. Swanson; Rebecca Tyson & Kristen R. Swanson. *The Mathematics of Marriage*: *Dynamic Nonlinear Models*. Cambridge (Massachusetts): Basic Books, 2005.

AGRADECIMENTOS DA AUTORA

Este livro não chega a ser *Guerra e paz*, mas ainda assim exigiu a ajuda e o apoio de várias pessoas maravilhosas. Sou muitíssimo grata a James Fulker, Lis Adlington e Rob Levy – que, ao longo deste trabalho, me ajudaram a sair de vários enroscos. Do mesmo modo, Michelle Quint e a equipe do TED merecem uma medalha pela paciência e pelo apoio que demonstraram durante todo o processo. Marge e Parge e minhas irmãs Tracy e Natalie também merecem muito crédito, não apenas por este livro, mas por serem pessoas sempre brilhantes. Muitíssimo obrigada a Anna Gregson, Peter Baudains e Thomas Evans – estou incrivelmente grata pelos comentários tão úteis e pelo entusiasmo constante. Andy Hudson-Smith também tem minha profunda gratidão por ter dado tanto apoio a este e aos meus vários outros projetos malucos. Obrigada a Geoff Dahl, que não chegou a ajudar tanto assim neste livro, mas de quem gosto simplesmente pelo ser humano que é; e a Adam Dennett e Emma Welsh por terem feito bolos tão engraçados para mim quando eu mais precisava. E por último, mas não menos importante, obrigada ao Phil e à srta. McGee – sou mesmo muito sortuda em ter vocês dois na minha equipe.

SOBRE A AUTORA

HANNAH FRY tem doutorado em mecânica dos fluidos e é matemática do Centre for Advanced Spatial Analysis do University College London (UCL). Nessa função, Hannah emprega modelos matemáticos para estudar padrões do comportamento humano, abrangendo desde o terrorismo e os tumultos violentos até o comércio e a dinâmica das compras.
Junto com seu posto acadêmico, é atualmente divulgadora do UCL, levando o prazer da matemática a teatros, bares e escolas. Também coapresenta o canal da BBC Worldwide no YouTube e aparece frequentemente na TV e no rádio britânicos.
Hannah mora em Londres com o marido, Phil, que – por sorte – ela conheceu exatamente a 38% de sua vida amorosa. Hannah ainda tem muita codificação Python que sobrou de quando estava planejando a festa de casamento e que pode ser distribuída a pedidos.
Vocês também podem encontrar Hannah no Twitter: @fryrsquared

A palestra TED de Hannah Fry, disponível gratuitamente no *site* TED.com, deu origem ao livro *A matemática do amor*.

www.ted.com/talks/hannah_fry_ the_mathematics_of_love

FOTO: JAMES DUNCAN DAVIDSON/TED

PALESTRAS RELACIONADAS NO TED.COM

Helen Fisher: *Por que amamos, por que traímos?*

A antropóloga Helen Fisher escolheu um tópico complicado — o amor — e explica-nos a sua evolução, as suas bases bioquímicas e a sua importância social. Conclui com um aviso sobre o potencial desastre inerente ao abuso de antidepressivos.

Esther Perel: *O segredo do desejo num relacionamento longo*

Em relacionamentos longos, geralmente se espera que a pessoa amada seja tanto o melhor amigo como o parceiro erótico. Mas Esther Perel argumenta que sexo bom e com compromisso leva a duas necessidades conflitantes: a nossa necessidade de segurança e a nossa necessidade de surpresa.

Adam Spencer: *Por que me apaixonei pelos números primos gigantescos?*

Eles têm milhões de dígitos, e é preciso um exército de matemáticos e computadores para rastreá-los – como não amar os números primos gigantescos? Adam Spencer, comediante e nerd de nascença, compartilha seu amor por esses números excêntricos e pela misteriosa mágica da matemática.

Yann Dall'Aglio: *Amor – Você está fazendo isso errado*

Nesta palestra encantadora, o filósofo Yann Dall'Aglio explora a pesquisa universal da ternura e da conexão em um mundo cada vez mais centrado no indivíduo. De fato, é mais fácil do que você imagina. Uma reflexão sábia e divertida sobre o estado do amor nos dias atuais.

CONHEÇA OUTROS TÍTULOS DA COLEÇÃO

SOBRE O TED

O TED é uma entidade sem fins lucrativos que se destina a divulgar ideias, em geral por meio de inspiradoras palestras de curta duração (dezoito minutos ou menos), mas também na forma de livros, animações, programas de rádio e eventos. Tudo começou em 1984 com uma conferência que reuniu os conceitos de Tecnologia, Entretenimento e Design, e hoje abrange quase todos os assuntos, da ciência aos negócios e às questões globais em mais de cem idiomas.

O TED é uma comunidade global, acolhendo pessoas de todas as disciplinas e culturas que busquem uma compreensão mais aprofundada do mundo. Acreditamos veementemente no poder das ideias para mudar atitudes, vidas e, por fim, nosso futuro. No *site* TED.com, estamos constituindo um centro de acesso gratuito ao conhecimento dos mais originais pensadores do mundo – e uma comunidade de pessoas curiosas que querem não só entrar em contato com ideias, mas também umas com as outras. Nossa grande conferência anual congrega líderes intelectuais de todos os campos de atividade a trocarem ideias. O programa TEDx possibilita que comunidades do mundo inteiro sediem seus próprios eventos locais, independentes, o ano todo. E nosso Open Translation Project [Projeto de tradução aberta] vem assegurar que essas ideias atravessem fronteiras.

Na realidade, tudo o que fazemos – da TED Radio Hour aos diversos projetos suscitados pelo TED Prize [Prêmio TED], dos eventos TEDx à série pedagógica TED-Ed – é direcionado a um único objetivo: qual é a melhor maneira de difundir grandes ideias?

O TED pertence a uma fundação apartidária e sem fins lucrativos.